中国地理标志农产品丛书

九三大豆

北大荒农垦集团有限公司九三分公司　编著

中国农业出版社
农村读物出版社
北　京

图书在版编目（CIP）数据

九三大豆/北大荒农垦集团有限公司九三分公司编
著．— 北京 ：中国农业出版社，2023.4
（中国地理标志农产品丛书）
ISBN 978-7-109-30598-4

Ⅰ.①九…　Ⅱ.①北…　Ⅲ.①大豆－产业发展－黑龙
江省　Ⅳ.①F326.12

中国版本图书馆CIP数据核字(2023)第062673号

中国农业出版社出版
地址：北京市朝阳区麦子店街18号楼
邮编：100125
责任编辑：陈　瑨
责任校对：吴丽婷
印刷：北京缤索印刷有限公司
版次：2023年4月第1版
印次：2023年4月第1次印刷
发行：新华书店北京发行所发行
开本：700mm×1000mm　1/16
印张：10
字数：200千字
定价：98.00元

《中国地理标志农产品丛书·九三大豆》
撰稿人员名单

综　　述　王　胜

自然环境　张盛楠

人文历史　王　胜　刘爱华　董立忠

品质特色　刘云晖　王振民

生产管理　胡　新　张传文　王　醒

科技研发　关雪辉

产业拓展　刘云晖　关雪辉

品牌建设　刘云晖

知名企业　关雪辉　张盛楠　刘云晖

人物风采　刘爱华　董立忠

大 事 记　程子夕

附　　录　王　醒　关雪辉　陆艳红　孙　盟　刘云晖

图片摄影　汤　富　王亚光　石　磊　闫宝晶　国　徽　刘　琴
　　　　　　　岳静华　王　胜　程子夕　王建胜　李明彧　赵艳彪
　　　　　　　张天露　赵　锋　黄　锐　房圣男　王　雪　李俊梅
　　　　　　　董　蟒　任宝吉　曹海洋　张　阳　郭立坤　张洋洋
　　　　　　　赵世平　王　丹　廖少云　林进春

序

　　大豆原产于中国，那中国大豆的原产地标记在哪？是谁在引领大豆产业发展？北大荒农垦集团有限公司九三分公司扛起了这面大旗。2013年"黑龙江大豆（九三垦区）"被批准为国家地理标志保护产品，2017年"九三大豆"被核准登记为国家农产品地理标志，这对于中国大豆产业发展意义非凡。回顾九三大豆70余年的发展历程，令人耳目一新，在北大荒集团的引领下，九三大豆在中国独树一帜，成为高品质食品大豆的生产基地。

　　在《中国地理标志农产品丛书·九三大豆》出版之际，我作为中国大豆产业的耕耘者感受颇深。九三大豆是国家地理标志农产品的佼佼者，正在领跑现代中国大豆产业，成长为中国食品大豆市场的知名品牌。作为国家地理标志农产品，九三大豆有以下8个与众不同：

　　九三大豆生长的地理条件与众不同。松嫩平原是世界驰名的三大黑土地之一，土壤有机质含量高，日照时间长，昼夜温差大，降水适时，自然条件得天独厚。这些条件保证了九三大豆的蛋白质、油脂合并含量高于60%，是全国难得的高品质食品大豆。

　　九三大豆的生产组织体系与众不同。北大荒农垦集团有限公司九三分公司（以下简称九三分公司）的前身隶属于黑龙江省农垦总局，北大荒的每一个农场发展都浸透着荣誉军人、解放军战士、知识青年等几代人的血汗，充满着中国革命和社会主义建设的红色基因。这里的土地属于国有资产，农场属于独立法人，经营辖区内的土地；北大荒农垦集团有限公司是大型国有企业，集团下设分公司，负责对属地农场的协调管理。这种立体的农业生产管理体系，上与国家政府发展规划相衔接，下以农场为基础，面对国内外市场求发展，是一个具有中国特色的现代农业管理体制。每个农场都按照年度生产计划发展，实行岗位责任制考核；每个岗位的人员依靠贡献，多劳多得，接受赏罚。党组织的核心领导作用、党员的模范带头作用落实到每个生产环节。农场管理人员的才能、工人技术的专长都能够充分发挥，农场职工的权利都能得到应有的保护和尊重。可以说，在九三分公司各个农场，是人尽其才、物尽其用，无论干部还是职工都是靠劳动共同致富。在这种管理体制下，没有私人资本与个人的雇佣关系，

现代化大农业，规模化大基地

没有唯利是图、偷工减料、假冒伪劣滋生的余地。

九三大豆的田间管理水平与众不同。九三分公司有11个农场，每个平均规模在40万亩左右，国内其他农场不可与之比拟，国外的大农场也少有。农场内部实行作业区管理，可以实现因地制宜，合理轮作，保证土地资源的综合利用。农场的经营管理人员都是有知识、有经验的专业人才，综合管理水平高，保证了大豆产量不断提高、大豆品质不断改善。

九三大豆丰收季

九三大豆的科技含量与众不同。九三分公司与国内农业大专院校保持着长期、直接的合作关系，农学、农机专家经常到各个农场的试验田指导良种选育，开展新肥料、新农药比较试验，不断提高农场的科学种田水平，到农机站进行机具改造，不断提高机械的利用效率，使农场的科学技术一直保持在全国最高水平的阵列。

九三大豆的供应链与众不同。经过多年的改革试验，九三大豆脱离了混收、混储的习惯。利用农场的优势实现了大豆专品种种植，专品种收获，专品种贮藏，专品种销售。近几年，九三分公司带领各农场走出去，到广东、山东等大豆加工企业集中的地区，实现了农场与加工企业的对接，在农场为加工企业建立特种功能大豆种植基地，实行订单生产，使芽豆、无腥豆、双青豆等特种功能大豆的种植面积不断扩大。

九三大豆的发展目标与众不同。目前，国内外已经形成了食品大豆和饲料大豆两类产品、两种市场、两种价格。九三大豆选择了面向食品大豆市场的方向，坚持生产非转基因、高蛋白食品大豆。大豆蛋白出口企业严格禁止原料中含有转基因成分和剧毒农药残留。农场按照加工企业的要求，从品种、栽培、收储、运输四个环节严格把关，保证了农场与加工企业的长期合作。

九三大豆的市场地位与众不同。九三大豆的基本销售主体是农场，农场能保

九三农垦城

证大豆的品种一致、规格整齐、批量规模、按期发货，能为物流过程中出现的问题负责，获得了各加工企业的信任。农场信守合同，重视与加工企业沟通，农场与工厂的对接减少了中间环节，使双方同时受益，信用越来越成为农场联系客户的纽带。

九三大豆的发展方向与众不同。 九三大豆具有民族责任感，中国能稳定大豆生产、实现食品大豆的自给自足，九三分公司功不可没。九三分公司把高品质作为奋斗目标，积极开展现代大豆食品加工探索，一批高科技的现代大豆食品加工企业在这里落户。各个农场正在实行黑土地保护、大豆与谷物合理轮作，农场生产与社区文化、农业与文化旅游融合正在成为中国大豆发展的特色。

"九三大豆"地理标志品牌的保护与成长，给我们以启示：国家地理标志农产品的保护培育是一条通往现代化高品质农业发展的正确道路。只要像九三分公司这样锲而不舍、敢于登攀，中国大豆产业的发展就胜券在握，中国农业的明天就会更加绚丽多彩。

中国大豆产业协会原常务副会长

广东大豆产业技术创新联盟名誉理事长

刘登高

2022 年 12 月

目 录

C O N T E N T S

序

1 综 述   1

九三大豆是黑土地上的佼佼者   2

九三大豆是农业现代化的产物   3

九三大豆是"三品一标"的践行者   5

九三大豆，以大豆振兴助力乡村振兴   7

2 自然环境   9

地理位置   9

地形地貌   10

气候   11

土壤   12

水资源   13

生物资源   15

九三大豆生产布局   16

3 人文历史   19

洪荒岁月：沉睡千年的东北黑土   20

红色基因：荣誉军人的艰苦创业   22

青春记忆：七万知青的别样年华   23

生态底色：风景如画的绿色垦区   25

民族品牌：九三大豆的发展历程   26

文以化人：多姿多彩的豆都文化   29

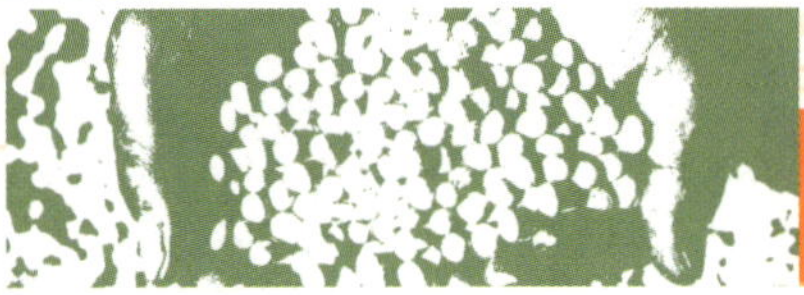

4 品质特色   31

九三大豆品质特性   32

九三大豆主栽品种   33

九三大豆质量安全控制   35

九三大豆及其加工制品   37

九三大豆消费市场   39

5 生产管理   41

大豆生产发展历程   41

大豆生产管理特色   43

提升大豆品质的几个途径   47

大豆订单生产模式   50

6 科技研发	53
科研院所	54
科技园区	56
重点科技项目	61
对外科技合作	63

7 产业拓展	65
专用大豆产销两旺	65
豆制品加工精深发展	67
腐竹产业独占鳌头	69
互联网行销方兴未艾	70
文旅融合全面发展	72

8 品牌建设	75
品牌发展历程	75
高标定位，树立国产大豆品牌标杆	77
主题活动，丰富品牌内涵	78
创意行销，拓展品牌发展外延	80
"三品"加持，持续提升区域公用品牌影响力	82
多维度传播，助力品牌成长	83

9　知名企业　　　87

国有农场　　　87

粮食贸易企业　　　96

大豆深加工企业　　　102

10　人物风采　　　105

王文德：大豆机械化垄作栽培法和"两耢一耥"耕作法的创造人　　　105

赵　发：视大豆为"命根子"的育种专家　　　106

李恩瑞：助推大豆产业发展的优秀经理人　　　108

张安宏：九三大豆科研和技术推广专家　　　109

张宏雷：九三大豆产业的掌舵人　　　111

刁肇东：大豆丰产丰收的优秀农机工人　　　112

温淑霞：大豆科研战线的尖兵　　　114

李海燕：守护大豆健康的植保专家　　　115

惠希滨：大豆规模化栽培模式的探索者　　　116

陈福贵：大豆标准化种植的农机革新专家　　　118

廖永霞：献身大豆产业的优秀青年　　　119

11　大事记（1949—2022 年） 121

附　录　128

国家质量监督检验检疫总局关于批准对张家湾葡萄（张湾葡萄）、黑龙江大豆（九三垦区）、
　邳州苔干、隆昌夏布、太白贝母（咀头产区）实施地理标志产品保护的公告　128

九三大豆农产品地理标志登记证书　130

优质绿色大豆标准化生产技术规程　131

2005—2022年九三大豆产业发展统计表　138

九三大豆新闻报道选粹　139

九三垦区国有农场通讯录　144

九三垦区粮食贸易企业通讯录　145

九三大豆深加工企业通讯录　146

CHAPTER

 综　述

中国大豆看龙江，龙江大豆看九三。

九三分公司地处美丽的小兴安岭南麓、富饶的松嫩平原西北部，以种植优质大豆闻名，素有"中国绿色大豆之都"的美誉。

一季季丰收，一程程奋斗。伴随着共和国成长的脚步，70多年来，一颗小小的大豆，让九三人为之高兴与自豪，也曾为之痛苦与彷徨。在波澜起伏的大豆市场冲击下，九三人初心不改，"豆"志昂扬，在广袤的东北黑土地上，书写着九三大豆不平凡的发展历史。

时间见证奋斗者永不停歇的脚步。2013年，"黑龙江大豆（九三垦区）"成为国家地理标志保护产品；2017年，"九三大豆"获得国家农产品地理标志登记保护，被评为"中国百强农产品区域公用品牌"和"黑龙江省农产品地理标志十大区域品牌"；2018年，"九三大豆"成为黑龙江省唯一获得首届"中国农民丰收节"推荐的大豆品牌；2019年，"九三大豆"入列农业农村部地理标志农产品保护工程。

九三大豆是黑土地上的佼佼者

中国的东北平原是世界上仅有的三大寒地黑土分布区之一。资料显示，东北黑土地粮食、商品粮总产量分别占全国总产量的1/4和1/3，已成为我国粮食安全的稳定器和压舱石。

好大豆生长于好土地。生长于北纬48°黑土地的九三大豆，是这片黑土地上的优品。东北黑土地被誉为"耕地中的大熊猫"，是九三大豆的生长根基。基于此，九三大豆被赋予"黑土流金、豆香天下"的内涵与外延。

为保护这片生长万物的黑土地，九三分公司实施黑土地保护利用工程，坚持生物与工程、农机与农艺、用地与养地相结合，加强农田生态环境质量建设，改善黑土耕地设施条件、内在质量、生态环境，强化黑土地保护性耕作，确保黑土地不减少、不退化，全面提升耕地地力。

天蓝、水清、地洁的生态条件为九三大豆创造了优质安全的生长环境。为生产"健康、安全、绿色、有机"的农产品，九三分公司科学落实"三减"行动，倡导施用有机肥，减少农业投入品总量，控制土壤面源污染，大力发展质

黑土流金，豆香天下

大豆航化作业

量农业、绿色农业。2022年，九三分公司绿色食品大豆认证面积达到188.4万亩*、有机产品大豆认证面积58.9万亩，绿色食品大豆认证企业10家、产品数量10个，有机大豆认证企业10家、产品数量10个。

九三大豆是农业现代化的产物

如果有人问，中国大豆那么多，九三大豆与其他大豆到底有什么不同？最大的不同来自它的现代农业属性。九三大豆自一开始，就奠定了它现代农业、示范农民的基因。

近年来，作为国家现代化大农业示范区、国家级生态示范区，九三分公司以维护国家粮食安全为己任，以建设"中国大豆食品专用原料生产基地"为依托，立足规模化、机械化、科技化、社会化、产业化，加快大豆全产业链发展，努力做好九三大豆这篇大文章。

种植规模化：高度组织化、规模化的农业生产经营方式，有利于农业新技术的推广应用，有利于农业生产要素的优化整合，代表了中国最先进的现代化大农业生产水平。九三分公司大豆种植规模常年稳定在200万亩以上，亩均产

---

*亩为非法定计量单位，1亩 ≈ 666.7米²。

颗粒归仓

量约200千克，年生产优质大豆40万吨以上，商品率达90%以上，单产与美国持平。

生产机械化：九三分公司拥有农机总动力44.85万千瓦，拥有各类大型农机具9657台（套），作业机车全部应用全球定位系统（GPS）/北斗卫星导航系统（BDS），农业机械化率达到99.97%，大豆生产从播种、田间管理、病虫草害防治到收获等已经全程实现机械化。

应用科技化：全面应用大垄垄上三行栽培技术、精量播种技术、测土配方施肥技术、立体施肥技术、飞机航化防病防虫技术、病虫草害及气象自动监测技术、增雨防雹技术、节水灌溉技术、保护性耕作及三秋整地措施等。同时，加快数字化农业进程，打造智慧农业，为农业插上科技的翅膀。

服务社会化：九三分公司农业服务体系健全，已应用有农业生产标准化管理体系、农产品质量检测体系、多普勒气象雷达预报体系、有害生物预警防控体系、测土配方施肥体系、农作物病虫草害统防统治、智能化数字农业应用体系等。九三分公司全面积大豆生产实现了全程可控、质量可追溯，形成了种、管、收、储、加、销一条完整的追溯链条。

大豆产业化：没有产业延伸的现代农业是不完整的产业。九三分公司以延长产业链、完善供应链、提升价值链为方向，大力发展大豆加工业和物流业，形成了以绿色腐竹、有机大豆油、休闲食品为主的大豆产业格局，大豆就地加工年转化能力达10万吨。

金戈铁马，驰骋纵横，现代化大豆生产的壮观场景成为中国当代农业最靓丽的封面。

绿色腐竹生产线

2018年9月27日，黑龙江卫视《新闻联播》用时近8分钟，播放九三管理局大豆丰收及产业发展状况；10月1日，中央电视台新闻频道大型直播栏目《秋收画卷》，以"农垦九三管理局鹤山农场：优化土质地生金，绿色种植豆升值"为主题，直播九三大豆丰收的壮美场面。

九三大豆是"三品一标"的践行者

2021年3月，农业农村部提出实施农业生产"三品一标"提升行动，推进品种培优、品质提升、品牌打造和标准化生产，引领农业绿色发展，提升农业质量效益和竞争力。回顾九三大豆走过的历程，正是沿着"三品一标"确定的路径一步步走向今天。

品种：以市场需求和消费结构变化为导向，全面推行大豆专品种种植，100%实现专品种种植、专品种收获、专品种贮藏。豆浆豆、芽豆、高脂肪大豆、高蛋白大豆、无腥味大豆等专品种在近百种区域可种植的大豆品种中脱颖而出，在九三大地落地生根，成为山东禹王集团、祖名豆制品公司、上海清美集团、达利食品集团等30余家企业的专用原料。

品质：坚持质量兴农、绿色兴农，从满足量的需求转向注重满足质的需求，推动大豆种植向绿色、有机、特色、品牌转变。建立九三大豆绿色种植技

九三大豆收获场景

术规程，减少化肥、农药的使用量。先后建成39个全程可追溯、农产品质量可监控的"互联网＋"绿色有机种植示范基地；九三分公司绿色食品、有机农产品大豆种植认证面积达247.3万亩，占大豆总种植面积的96.5%；绿色食品、有机农产品大豆认证企业20家，产品认证数量20个。

品牌：从2013年跻身国家地理标志保护产品开始，九三大豆步入了品牌发展的历史新阶段。先后获得30余项国家级、省级荣誉称号，在多次中国农产品区域公用品牌社会评选中名列大豆类第一，品牌价值实现了从无到有，从小到大。2022年9月，中国品牌建设促进会、中国资产评估协会、新华社民族品牌工程办公室等单位联合发布"2022中国品牌价值评价信息"，九三大豆品牌价值跃升至50.27亿元，荣登中国区域品牌（地理标志）排行榜第73位，在中国大豆类品牌中名列第一。

标准化：2006年，九三管理局被国家标准化管理委员会授予"国家高油高蛋白大豆种植标准化示范区"称号。近年来，作为国家现代化大农业示范区、国家级生态示范区，在充分挖掘"中国原生大豆种植标准化示范区""国家高油高蛋白大豆种植标准化示范区"等自然禀赋基础上，大力推进绿色生产和标准化生产"两个全覆盖"；通过推行环境有检测、操作有规程、生产有记录、产品有监督、上市有标识的全程标准化模式，将标准化贯穿于农产品生产、加工和销售全过程，全面提升农产品质量安全和市场竞争力。

九三大豆，以大豆振兴助力乡村振兴

中国要强，农业必须强；农业要强，大豆必须强。大豆产业关系到国家粮食安全、食品安全，是我国粮食战略的重中之重。多年来，九三分公司始终站在维护国家粮食和食品安全的高度，以振兴民族大豆产业为己任，倾心为消费者提供安全放心的大豆产品。2022年，九三分公司大豆种植面积达到256.18万亩，总产量50.71万吨，亩产197.95千克，大豆专品种种植占大豆总面积的100%。

这是一份"豆香天下"的担当。九三分公司发挥大豆生产和产业优势，以农业社会化服务为载体，以实施乡村振兴为总抓手，大力推进垦地合作，不断发挥示范带动作用，带动农民实现增产增收，迈向北大荒"二次创业"的新征程。

面向未来，九三分公司立足大豆全产业链思维，正积极融入北大荒大豆产业集群，紧紧围绕优质大豆生产、精深加工、物流商贸、技术研发、公共服务等五大功能，与集群内龙头加工企业、物流企业、科研机构形成合力，抱团发展。通过进一步优化区域布局，加快产业整合重组，开展更为广泛的紧密合作，推动技术共享、信息共享、品牌共享、渠道共享、利益共享，进一步提高资源要素的利用和产出效率，提升产业综合效益和竞争力，形成大豆产业绿色高效生产、加工转化、品牌营销、科技示范、文化旅游的互动融合发展、相互

中华粮仓

关联配套、资源高效共享的产业发展新格局。

当前，我国农业正在从传统农业向现代农业转变。为促进数字经济与现代农业深度融合，九三分公司以数字技术驱动传统大豆种植业转型升级，进一步推动大豆线下交易线上化，以打造"九三大豆交易平台"为核心，构建覆盖从田间到终端客户、从线下到线上、从现货到期货、从实物到金融的专业化和权威性的中国大豆交易系统平台，提升北大荒大豆产业的话语权和控制力、影响力和抗风险能力，推动中国大豆产业交易模式转型升级，引领中国粮食行业高质量发展。

农为邦本，本固邦宁。在农业现代化的征程中，九三分公司心怀"国之大者"，紧紧立足维护国家粮食安全压舱石的战略定位，以振兴中国大豆产业为己任，继续书写九三大豆产业发展的恢宏篇章。

CHAPTER 2

自然环境

　　九三分公司地处黑龙江省西北部，现有土地面积5645千米²，其中耕地380万亩、草原143万亩、林地132万亩、水面15万亩；下辖鹤山、大西江、尖山、荣军、红五月、七星泡、嫩江、山河、嫩北、建边、哈拉海等11个国有农场，81个农业管理区，总人口15万人。九三分公司及下辖农场地处大兴安岭山区向松嫩平原过渡的丘陵地带，开发历史较短，自然生态完整性较好，人口密度相对较小。黑土地土质肥沃，生态环境良好，为大规模生产优质粮豆奠定了得天独厚的基础。九三分公司素有"绿色大豆之都、生态宜居之城"美誉，是北大荒集团西部农场群的重要组成部分。

地理位置

　　九三分公司位于黑龙江省西部，除哈拉海农场（总面积294.7千米²）位于齐齐哈尔市北郊以外，其他10个农场分布在嫩江市、讷河市、五大连池市境内，地理坐标为东经124°25′～126°23′、北纬48°37′～50°04′。九三分公司驻地——九三农垦城位于嫩江市东南部、齐加铁路（齐齐哈尔—加格达奇）九三站东2千米，西距G4512双嫩高速（双辽—嫩江）14千米，南距齐齐哈尔三家子机场230千米，交通便利，建成区面积20.4千米²，常住人口2万人，规划布局合理，人居环境幽雅，城管体系配套，服务功能健全，是九三垦区的政治、经济、文化、商贸、信息中心。

四通八达的高速公路

九三垦区交通、通信便捷，有国家和地方铁路纵贯全区，总长1128千米的公路四通八达，总长达1257千米的长途通信线路、637杆千米的明线杆路和620延长千米的光缆线路覆盖全局，信息高速公路已全部开通。目前已形成农工牧林各业协调发展、资源配置优化升级、产业结构创新调整的农垦经济区，构建了龙头带基地、基地连农户的龙链式产业化经营格局，成为黑龙江省西部集约化、规模化、现代化农场群主体。

地形地貌

九三垦区位于小兴安岭西南麓，是小兴安岭向松嫩平原过渡的丘陵漫岗地带。垦区地貌呈波浪式起伏的北高南低、东西略呈倾斜的地势。自北向南波浪式逐渐减少，坡度逐渐降低，海拔高度在200～510米，平均海拔385米；自东向西，有科洛河、门鲁河、固固河、多金河等几条主要河流蜿蜒流入嫩江。据1992年版《嫩江县志》记载，山河、嫩北、建边农场属于断裂带，早期境内地质构造活动频繁，造成地层抬升、倾斜、错动、塌陷等变化。南部地貌也受其影响而变化多样，如嫩江、大西江、鹤山等农场内均有石头山。由于境内早期火山喷发，形成了北部的科洛南山和南部的尖山（别名吐莫葛山）等火山

山河农场平顶山

锥，为五大连池火山群的余脉。由于地质和气候变化（包括早期境内地质构造活动和河流切割）的长期综合作用与影响，造就了九三垦区地势高低起伏、岗洼分明的地貌特征。

九三垦区地形主要可分为岗地、坡地、洼地和沟壑。岗洼之间高差一般达30～50米，坡地坡长一般为800～1500米，坡度通常为2°～4°，少数陡坡达到10°以上，岗顶平坦开阔，纵横测算均在数平方千米。因此，岗地和坡地多被开垦成农田，岗与岗之间的沟壑、洼地则成天然的泄水道和聚水区。

按农业区的划分，依据各自地理位置、地形特点、气候环境、水土资源、生产水平、结构功能等状况，九三垦区分为南部的宽谷平岗农经牧区、中部的波伏平岗农牧区、最北部的漫岗农牧副渔区和地处松嫩平原西北部的平原农牧渔区。除属于平原农牧渔区的哈拉海农场以外，九三大豆在其他3个农业区的10个农场均有广泛种植。

气候

九三垦区处在小兴安岭向松嫩平原过渡地带的半干旱农业区，属于寒温带大陆性季风气候，全年冷热、干湿季节区分较为明显。冬季漫长，严寒少雪；春季多大风，少雨干旱；夏季炎热时日短，气温较高，多雨湿润；秋季凉爽，初霜早。

千里冰封，耙雪催春

　　九三垦区为高纬度、高寒地区，年平均气温0.4℃，年最低气温可达−40～−38℃，冷资源比较丰富。受此影响，大豆病原菌及害虫种类少、越冬基数小，大豆病虫害发生量小，农药使用强度较小，为优质、安全大豆食品专用原料生产创造了良好的农业生态环境。

　　九三垦区年日照时数为2500小时左右，年均降水量为500毫米以上，无霜期为110天左右。垦区处在黑龙江省第四、第五积温带，≥10℃有效积温年平均值为2300℃左右，属于典型的高纬度低热量的旱作农业区，光、热、水同季，昼夜温差大，独特的气候和地理环境给大豆提供了良好的生长条件。

　　九三垦区的气候受季风的影响较大，历年平均风速3.5米/秒。冬季以西北大风为主，春、秋季以偏南大风为主，大风天气主要集中在4—5月和10—11月，其中春季大风（瞬间风速≥8级、17米/秒）剥土跑墒加剧春旱，对农业生产造成严重灾害。夏、初秋季则往往多雷雨大风，刮风时间虽相对较短，但风力猛、破坏力大，有时会对垦区生产活动造成局部灾害。

土壤

　　九三垦区的土地资源比较丰富，九三分公司地处全国著名的黑土地带，土质肥沃，适宜性广。垦区内宽谷、漫岗，自然排水条件好。土地集中，便于经营管理。除北部的建边农场、嫩北农场、山河农场和最南部的哈拉海农场外，其余各场有41 333公顷土地连片，占垦区土地总面积的73.6%，加之气候适宜，基本能满足各种作物的生长需要。

九三垦区地处"世界三大黑土地带"之一的松嫩平原，黑土占耕地面积的80%以上，黑土层土体深厚（厚度40～80厘米），有机质含量丰富（含量5%～7%），呈弱酸性（pH6.0～6.5）。黑土具有优越的基础肥力，能保证农作物的生长发育，其肥力特点是既发小苗又发老苗，后劲大、长劲足，结构良好、保水保肥，适宜种植各种作物；另一特点是底土黏重，不透水，易冷浆，春季土湿低温，微生物活动能力弱，抑制了潜在肥力释放和发挥。黑土土质疏松肥沃，有利于大豆蛋白质、脂肪的形成和积累；九三垦区土地连片，有利于大豆规模化、机械化生产。垦区特有的黑土地为大豆提供了得天独厚的自然优势，是高油、高蛋白大豆的生态适宜种植区，因而被称为大豆种植的"黄金地带"。

水资源

九三垦区水资源分为地表水和地下水两部分。垦区年径流深为105毫米，水资源总量71.093亿米^3。其中，地表水68.845亿米^3，可利用水量4.2123亿米^3；地下水2.248亿米^3，可采量1.6932亿米^3。

九三垦区河流众多

1.地表水

地表水包括江河过境水和大气降水。九三垦区境内河流众多，流域面积50千米^{2}以上的河流有46条，大多数为季节性河流，其中5条主要河流是嫩江、固固河、门鲁河、科洛河、老莱河。嫩江属于松花江水系，流域面积28.3万千米^2，全长1369千米，境内长度37千米。固固河属于嫩江水系，流域面积627千米^2，全长85千米，境内长度31千米。门鲁河属于嫩江水系，流域面积5418千米^2，全长275千米，境内长度47千米。科洛河属于嫩江水系，流域面积7196千米^2，全长295千米，境内长度81千米。老莱河属于讷谟尔河水系，流域面积1609千米^2，全长108千米，境内长度38千米。这5条河流过境水量64.38亿米^3，境内水量4.465亿米^3。

九三垦区多年平均降水量460～510毫米，平均年降水总量27.04亿米^3。

2.地下水

地下水包括河谷平原、山前岗平地等地面下的聚积水，以及低山、丘陵、熔岩占地含水层裂隙水。九三垦区地下水质为低矿化度淡水，化学类型为碳酸盐及重碳酸盐型，矿化度平均0.086克/升，pH6.0～7.5，总硬度1.21～6.22

嫩江农场门鲁河风光

德国度，无色、无味、透明，适用于人畜饮用和农田灌溉用水。

　　水是农业的命脉，水分多少直接影响农作物产量的高低。九三垦区降水主要集中在夏季，正是大豆等农作物需水临界期，也是作物生长旺盛季节，充足的水分能满足作物生产需要，同时提高农作物品质。

生物资源

　　九三垦区森林资源、动物资源、植物资源等各类资源比较丰富，是维护垦区生物多样性，保护生态环境，实现农业现代化和绿色、可持续、协调发展的重要物质基础。

　　森林资源：九三垦区地处小兴安岭向松嫩平原的过渡地带，拥有得天独厚的森林资源。截至2021年，九三分公司拥有林地总面积132万亩，活立木总蓄积675万米^3。垦区森林总面积108万亩，按用途分有公益林70.5万亩、商品林37.5万亩，按林种分有防护林70.5万亩、用材林37.3万亩、经济林0.2万亩，按起源分有天然林55.3万亩、人工林52.7万亩；森林覆盖率13.8%，林木绿化率14.4%，对垦区自然生态的保护起了很大作用。九三分公司农田和自有林地与黑河市、嫩江市、讷河市国有林场部分林地交错。九三分公司现有带

林网护卫下的万顷良田

状、片状防护林70.5万亩庇护着垦区400万亩耕地，发挥着保持水土、涵养水源、降低风速、防风固沙等生态作用，为农业高产稳产筑牢了重要的生态安全屏障。

动物资源：九三垦区地处小兴安岭边缘，动物资源十分丰富。垦区有鸟类189种，隶属16目41科，包括大天鹅、灰鹤、花尾榛鸡等珍稀保护鸟类；有兽类56种，隶属于16目16科，包括东北野兔、黑熊、马鹿、狍子、赤狐、貉、野猪、狼等；垦区鱼类有鲫鱼、鲤鱼、狗鱼、鲇鱼、老头鱼、黄颡鱼、草鱼、葫芦籽鱼、泥鳅、山鲇鱼等20余种。

湿地中嬉戏的灰鹤

植物资源：九三垦区植物区系成分以蒙古东西伯利亚长白区系和华北区系混杂植物为主，植物种类共300多种，其中国家重点保护野生植物有8种如水曲柳、黄檗、核桃楸等。垦区有丰富的中草药资源，其中赤芍、升麻、苍术的年采集量较大。垦区土特产有榛蘑、猴头菇、木耳、榛子、蕨菜、人参等。

九三大豆生产布局

九三分公司是中国原生大豆种植标准化示范区、中国绿色大豆之都、全国非转基因大豆加工产业知名品牌示范区、黑龙江省非转基因大豆及制品检测与研究中心，以种植、加工非转基因大豆闻名于世，大豆常年种植面积在200万亩以上，非转基因大豆已经成为九三农业的一张王牌。

2013年4月18日，国家质量监督检验检疫总局批准对黑龙江大豆（九三垦区）实施地理标志产品保护，产地范围为"黑龙江省农垦九三管理局七星泡、尖山、红五月、荣军、大西江、鹤山、嫩江、嫩北、山河、建边等10个农场现辖行政区域"。

2017年4月20日，农业部批准对九三大豆实施农产品地理标志登记保护，地域保护范围包括鹤山、大西江、尖山、荣军、红五月、七星泡、嫩江、山河、嫩北、建边等10个农场。地理坐标为东经124°25′～126°23′、北纬48°37′～50°04′。九三大豆保护面积26.8万公顷，其中大豆种植面积16万公顷，年产量45.6万吨。

近几年来，九三分公司以种植优质专用品种布局为重点，进一步细分九三大豆专用产品市场。2021年，九三分公司种植大豆220.3万亩，以豆浆豆、高蛋白、芽豆、无腥味为主的专用品种订单达到187万亩。在高蛋白大豆品种的选择上主要以蛋白含量达到40%以上的品种为主，种植出来的大豆可以作为生产大豆分离蛋白的优质原料。在高油大豆种植上选择脂肪含量大于21%的大豆

九三垦区以绿色优质大豆闻名全国

17

品种，主要用于生产豆粕和豆油。目前，九三分公司已建立健全了农业生产标准化管理体系、农产品质量检测体系、多普勒气象雷达预报体系、有害生物预警防控体系、测土配方施肥体系、农作物病虫草害统防统治和智能化数字农业应用体系。同时为了让每一粒大豆都有源可溯，形成了"生产有记录、产品质量有检验、产品上市有标识，质量安全有追溯"的农产品质量安全体系。如今以品种专、品质优为标志的九三大豆，赢得了诸多国内知名大豆加工产业的认可，成为山东禹王集团、安徽燕之坊食品、祖名豆制品公司等企业的优质大豆原料基地。

CHAPTER 3

人文历史

  从 1949 年第一批国营农场的艰难创建，到 21 世纪现代化垦区的科学发展，随着农垦事业不断发展壮大和形势的变化，九三垦区先后经历了创建阶段的国营农场（1949.3—1953.2），国营九三荣军机械农场（1953.2—1958.3），成立九三地区办事处、九三人民公社和恢复九三荣军农场（1958.3—1962.9），黑龙江省农垦厅九三农垦局（1962.9—1968.8），中国人民解放军沈阳军区黑龙江生产建设兵团第五师（1968.9—1976.2），黑龙江省九三国营农场管理局（1976.2—1996.12），黑龙江省农垦总局九三分局、黑龙江省农垦九三管理局（1997.1—2018.6），黑龙江北大荒农垦集团总公司九三分公司（2018.6—2020.11）、北大荒农垦集团有限公司九三分公司（2020.12至今）等 8 次比较大的机构变革。

  透过垦区破天荒的历史，翻阅九三这本厚重的"书"，展现在人们面前的是半个多世纪风雨历程和沧桑巨变的壮丽画卷。在 70 多年的峥嵘岁月中，黑土文化、军垦文化、知青文化、大豆文化融合浓缩成厚重的九三文化，成为北大荒文化的一部分，并深深熔铸进九三人的灵魂，为九三垦区的发展带来不竭的生命力，更为九三大豆产业的发展编织了宏伟壮阔又厚重绵长的人文历史背景。

洪荒岁月：沉睡千年的东北黑土

北大荒，指东北原始荒原地带。"大荒"一词作为地理名称，首见于《山海经·大荒北经》："东北海之外……大荒之中，有山名曰不咸，有肃慎氏之国。"史载，肃慎是我国东北少数民族的古称。夏商周时代，肃慎先民居"不咸山北""东滨大海"。据考证，不咸山即今之长白山，不咸山北即今之老爷岭和完达山，"东滨大海"指的则是今之日本海。由此可见，北大荒原来并非亘古荒原。战国以后，这里的挹娄人臣服秦汉，岁岁朝贡。唐五代时，渤海王国在这里曾写下200多年的昌盛历史，但终被契丹扼杀。后剽悍的女真人崛起于阿什河流域，建立起强盛的金朝，一举灭掉辽与北宋，在这里先后出现了数百座发达的城镇。再后来，成吉思汗骁勇的骑兵，踏破了千里金界壕堑，横扫黑水，使大多数城镇毁于战火之中。元、明时期，这里曾搞过屯田，但只是昙花一现……

清康熙七年（1668年），清王朝为了保护祖宗"龙兴之地"，下令实行长达200年的"封禁"政策，严禁汉族人民进入东北地区。中华民国时期，官

肥沃的东北黑土地

僚、军阀、富绅抢垦土地，实行垄断霸荒，借机发财，垦殖面积极为有限。"九一八"事变后，日本侵略者为加速殖民统治，炮制了一个20年内移民百万户、500万人口的庞大计划，并侵占了黑龙江境内大量耕地，但向北大荒腹地的开发却连遭惨败，不少"开拓团"成员葬身于沼泽之中。日本投降前夕，其"开拓团"成员或狼狈逃窜，或集体自戕，烧毁房屋，破坏机器及水利工程，造成大片土地荒芜……

　　1947年，按照党中央"关于建立巩固的东北根据地"的重要指示，一批来自延安等革命根据地的拓荒者来到黑龙江，拉开了北大荒开发建设的序幕。从1958年起，北大荒进入大规模开发时期，十多万名解放军复员官兵、知识青年和革命干部，响应党和国家的号召，怀着保卫边疆、建设边疆的豪情壮志来到北大荒……

　　随着开发建设的深入，"北大荒"作为一个正式的地理名称，开始走入人们的视野。1947年夏，嫩江县土改工作队负责人解云清（后任黑龙江省副省长）在给黑嫩省委的工作报告中，首次提出"北大荒"这个概念，当时仅指齐齐哈尔以北地域。

北大荒博物馆《北大荒颂》浮雕

1958年4月，在密山火车站召开的欢迎开垦荒原转业官兵大会上，王震将军在讲话中多次提到"北大荒"这个词，第一次把"北大荒"的地域范围扩大到黑龙江东部的密山、虎林、宝清、饶河一带。1959年9月，毛泽东主席在给曾经在中南海文工团工作的垦荒队员李艾的复信中，请她"问候北大荒的同志们"……至此，"北大荒"这个在特定年代、特定条件下产生的极具地域特色的称谓，正式成为黑龙江垦区的别称，并迅速走出黑土地名扬天下。

　　经过北大荒人70余年的艰苦奋斗，曾经的千年荒原已变成今天的中华大粮仓。现在的北大荒垦区分布于三江平原、松嫩平原、完达山山脉和小兴安岭地区，总面积5.54万千米^2，耕地面积近4600万亩，粮食生产连续十几年稳定在2000万吨以上，实现"十九连丰"；北大荒一年生产的粮食，可以满足1.6亿人一年的口粮，为保障国家粮食安全作出了重大贡献。

红色基因：荣誉军人的艰苦创业

1949年3月，在北大荒西北部，由东北行政委员会农业部秘书丰年带领先遣队员到嫩江县鹤山车站附近踏查，决定利用日伪"开拓团"撂荒地建场，名为"鹤山机械农场"，丰年任场长。7月，又在车站东南4千米处，组建"八一五机械农场"。为加强领导，扩大农场规模，两场于1951年合并为"鹤山八一五农场"。

1949年4月，齐齐哈尔市荣军学校政治部主任郝光浓，带领一批荣誉军人（伤病残军人）到镇赉县（现属吉林省）东屏区创办荣军农场；10月，根据东北荣军工作委员会组织荣军扩大再生产和发展机械化农场的决定精神，将东屏荣军农场交给当地政府经营，人员迁至嫩江县伊拉哈地区，创办伊拉哈荣军农场；12月，荣军农场举行落成典礼，黑龙江省委、省政府发来了贺信。

1953年，鹤山八一五农场与荣军农场合并为"九三荣军农场"，下属5个作业区，即现在九三分公司所属的鹤山、尖山、跃进、荣军、大西江农场。自此，九三这个名字出现在中华人民共和国的版图上。

九三荣誉军人创造的奇迹，是新中国成立初期百废待兴时农业发展的典范。他们克服身体上的残疾，不计个人得失，爬冰卧雪，流血洒汗，初步实现了把荒原变良田的梦想，铸立了"身残犹坚、胸怀大局"的光辉形象，铸就了"自强奉献、团结友爱、创新超越"的北大荒荣军精神。1949年，由伊拉哈荣军农场场长郝光浓创作的歌曲《农场就是我的家》，成为这一时期荣军文化的代表作。歌中唱道"红红的太阳蓝蓝的天，我们荣军来生产，前方流血打老

1950年，伊拉哈荣军农场党总支书记王方盛（右一）在豆收现场

蒋，后方流汗支援前线……"，歌曲朗朗上口，极大地鼓舞了广大荣军战士的斗志。1951年，九三荣军农场自编自演了四幕大型话剧《让战魔发抖吧》，在场内外产生了巨大的反响。1952年，《人民日报》《大公报》《东北日报》《人民画报》先后以大篇幅版面、醒目标题刊发九三荣军农场的报道，八一电影制片厂也特地为荣军农场摄制了纪录片《九三荣军农场》。

青春记忆：七万知青的别样年华

告别大城市，奔赴北大荒

"文化大革命"开始后，国内外形势不断变化。为固边卫国，1968年6月，中共中央、国务院、中央军委和中央文革小组共同发出《关于建立沈阳军区黑龙江生产建设兵团的批示》。9月，在黑龙江省农垦厅九三农垦局的基础上，成立了黑龙江生产建设兵团第五师。1968年7月至1969年5月，北京、上海、天津、杭州、哈尔滨、齐齐哈尔、牡丹江、宁波等大中城市的50余万名血气方刚的高中、初中学生，响应毛泽东主席"知识青年到农村去，接受贫下中农再教育"的指示，来到黑龙江生产建设兵团加入解放军的序列，屯垦戍边，报效祖国。其中，有7万知识青年来到兵团第五师，除了青春和热血，他们还带来了先进的城市文明和文化，为九三垦区注入了新的生机与活力。

如果把1958年王震将军率十万转业官兵进军三江平原、嫩江平原视为新中国成立后第一次对北大荒的大规模开发，那么黑龙江生产建设兵团的组建，特别是以来自全国各大城市的几十万知识青年为主要力量的兵团战士的屯垦戍边活动，则是掀起了新一轮开发北大荒的热潮。这次重大的行动，

知青参加劳动归来

不仅进一步巩固了东北边防，而且为把"北大荒"变为祖国的"北大仓"，为了增强中国的经济实力和国防实力，作出了不可磨灭的贡献。

知青的到来，不仅丰富了农场的文化生活，也培养造就了一批文化、体育人才，涌现出了一批知青文化代表。走进九三博物馆内的九三名人馆，66位有名有姓的九三垦区名人中，真正在全国乃至国际上有一定知名度的，多数是在九三垦区生活过的知青群体。如以冯远、刘宇廉为代表的知青画家，以金宇澄、韩乃寅为代表的知青作家……他们根植于这片神奇的黑土地，创作了许多在国内外产生巨大影响的作品，对丰富北大荒文化，发挥了不可替代的作用。据不完全统计，从九三垦区走出去的文学、绘画、影视、音乐等文化名人多达100余人。从九三走出去的体育名人、被称为"棋圣"的聂卫平曾三次回访北大荒。他说："我一到黑龙江，就有一种天高地阔的强烈感受。无垠的荒原、无遮无盖的蓝天和瑰丽的日出日落景象，给我强烈的震动。当我重新坐在棋盘上的时候，就会感到棋盘更广阔了。"

知青为北大荒带来了城市的文化气息

1971年9月，由黑龙江生产建设兵团五师政委高思作词、知青王德全作曲的歌曲《兵团战士胸有朝阳》创作完成。1972年冬，歌曲在五师会演上"一炮走红"。1974年5月，被以国务院文化组革命歌曲征集小组名义出版的《战地新歌（第三集）》收录，并由中国唱片社录制发行。就这样，这首歌从北大荒唱响到全国，激励了千百万上山下乡的知识青年。歌中唱道："兵团战士胸有朝阳，胸有朝阳，屯垦戍边，披荆斩棘，战斗在边疆。毛泽东思想哺育我们茁壮成长，祖国大地山山水水充满了阳光。三大革命炼红心，迎风冒雪志如钢，坚决响应毛主席的伟大号召，誓把北疆变粮仓……"

1989年和1990年，杭州、上海的知青回访北大荒，知青艺术团在宝泉岭林管局俱乐部演出，当《兵团战士胸有朝阳》的曲子一响，全场知青都扑通跪地，一起高唱这首歌。那时那刻，这首歌已不单单是一首歌，而成为战友相见、表达战友情最直接的东西。这个旋律让他们重温那段悲壮的历史，勾起他们对洒在黑土地上的热血和青春的回忆……

生态底色：风景如画的绿色垦区

九三垦区位于黑龙江省西北部、嫩江市境内，东邻世界著名火山群五大连池市，西傍嫩江中上游，南接鹤城齐齐哈尔市，北通边境城市黑河市，交通便利，区位优势明显。九三垦区地处小兴安岭西南麓的松嫩平原，属丘陵漫岗地带，自然风光优美，气候四季分明，现代化大农业场景壮观，历史文化特色鲜明，城镇建设风景宜人。九三分公司先后获得"国家级现代化农业生态示范区""中国绿色大豆之都""黑龙江省十佳农垦城"等荣誉称号。2016年5月，世界文化地理学会、中国城市竞争力研究会、亚太环境保护协会、中华口碑传播中心等四大机构在香港向全球发布"第十三届中外避暑旅游口碑金榜"，黑龙江九三垦区以"神农华章"荣登"2016中国避暑休闲百佳县榜"第48位。

近年来，九三垦区依托优美的自然环境和现代农业景观，致力发展旅游产业，建设旅游景点，完善旅游线路，初步形成了以食、住、行、游、购、娱等旅游要素为主体，其他相关产业协调发展的旅游产业体系。

百鸟翔集的初春湿地

农业奇观，美在九三

以现代农业为依托，充分利用现代大农业和生态资源，以"七彩农业"为品牌，不断探索农业观光之路，打造"农业奇观、美在九三"的壮美农业画卷。九三大豆金色豆田、万亩红高粱壮观盛景，成为展示北大荒旱作农业的代表。围绕着现代化大农业，九三垦区建设了展示农业科技的尖山科技馆。其中研学类"大农业小农人"与旅居类"新上山下乡"两大品牌，成为黑龙江省夏季旅游产品推荐线路。

以自然风光为底色，九三垦区依托山水林田湖，打造以哈拉海湿地、嫩江漂流、山河科洛火山、建边金水湖、五花山等为主的自然景观游；现已拥有嫩江农场源明湖旅游区AAAA级旅游景区1个，鹤山城乡一体化现代化大农业生态旅游风景区和山河平顶山旅游区AAA级旅游景区2个，七星湖旅游度假村、嫩北恬淡园旅游区和大西江农业观光旅游区等AA级旅游景区6个。

以九三独特的历史资源和文化资源为根基，以红色文化游、知青怀旧游为主线，九三垦区先后建设了九三博物馆、荣军农场室外场史园、七星泡农场知青客栈、红五月农场知青驿站等历史景观。同时，依托九三垦区书法文化资源建设了黑龙江垦区第一家北大荒书院，依托九三大豆文化建设了中国第一家大豆品牌馆，依托九三奶牛文化建设了鹤澳奶牛馆。星罗棋布、各具特色的历史文化展馆成为展示九三历史文化的一扇扇重要窗口和形象名片。

民族品牌：九三大豆的发展历程

黑龙江省是中国最大的优质大豆生产和供给基地，其产量占全国的1/3以上。九三垦区位于小兴安岭西南麓，是小兴安岭向松嫩平原过渡的丘陵漫岗地带，处于国家规划的高油大豆优势产区的核心地带。1949年，当垦荒者举着拓荒大旗踏上这片荒原，就把一粒粒大豆播进了这片苏醒的土地。据《荣军农场志》记载，1949年当年播种大豆141亩，平均亩产78.5千克。长期以来，大豆与小麦一直是九三垦区的两大当家作物。

从无到有，从少到多，从多到优，从低水平到高质量发展……70多年来，伴随着九三垦区开发建设的步伐，九三大豆经历了粗放种植、品种优化、产业发展、食用大豆发展、品牌提升等五个发展阶段。

《人民画报》1952年11月号：农业技术员张西尧正在研究收割下来的大豆

大豆粗放种植阶段：从1949年至1955年，是九三垦区开发建设时期。这一时期，隶属于不同管理层面的农场进行了开荒建场。1952年，《人民日报》《东北日报》《文汇报》先后以大篇幅版面报道了老一代荣誉军人在恶劣的自然条件下建场创业、无私无畏的感人事迹。1952

年11月号《人民画报》以《大豆丰收——东北北部平原上的九三农场》为题进行报道，并配发7幅珍贵的照片，其中"东北国营九三机械农场的堆豆场"成为当期的封面图片。文中说："在这个农场的1万公顷耕地面积中，有1500多公顷种的是大豆。与其他国营机械农场一样，大豆的收割和装运等工作，全部是用联合收割机和现代化的运输工具来进行的。"由于受土地条件、种植水平、机械力量和自然灾害的影响，开发初期至20世纪80年代，大豆亩产长期在50~100千克徘徊。据史志记载，黑龙江垦区1949—1985年，大豆平均亩产仅为68.6千克。

品种优化阶段：为改变大豆低产局面，从1982年开始，以九三科研所大豆育种室主任赵发为代表，开始了"早熟高产大豆品种的选育"和"优质、抗逆、高产大豆品种选育"研究等工作，先

育种专家赵发（左一）在田间观察大豆长势

后培育大豆优质品种7个，其中大豆新品种九丰1号选育获1998年黑龙江省科技进步奖三等奖。该品种20世纪80年代中期成为九三垦区主栽品种，并推广至建三江垦区及周边县市。1998年，国家"九五"科技攻关重中之重项目——"大豆大面积高产综合配套技术研究开发与示范"获全国农牧渔业丰收奖，逐步形成了以"耙茬深松、春耕秋备、增肥保匀、健身促熟"为主要内容的九三大豆高产栽培技术模式。

产业发展阶段：为推进大豆产业化进程，1987年，一座引进德国成套设备、年加工能力6万吨的油脂化工厂在九三垦区落成。1997年，组建黑龙江九三油脂有限责任公司，模拟股份制企业运作，年加工大豆由6万吨提高到30万吨。2000年，九三油脂有限责任公司在哈尔滨市注册成立公司，开始了低成本扩张之路，进入"走出垦区、走进省城、走向沿海、融入世界"的快速发展时期。2007年，经国家工商行政管理总局批准，更名为九三粮油工业集团有限公司。如今，该公司资产总额超过200亿元，年加工大豆总能力达1200万吨，销售收入超过450亿元，成为中国大豆行业唯一获得中国工业领域最高奖"中国工业大奖"的农业产业化国家重点龙头企业。

食用大豆发展阶段：从2010年开始，以市场需求和消费结构变化为导向，九三垦区不断调优大豆专品种结构，建设"中国食品大豆专用原料基地"，推进专品种种植、专品种收获、专品种贮藏、专品种销售，使九三大豆生产由注重高产向优质、专用、高产转变。同时，大力推动大豆良种、良田、良技结合，形成了更为成熟和先进的九三大豆种植标准，进入了九三大豆生产的标准

金豆摇铃万顷香

化时代。九三管理局2010年被授予"中国绿色大豆之都"称号，2012年被授予"全国非转基因大豆加工产业品牌创建示范区"称号，2014年被授予"中国原生大豆标准化种植国家农业标准化示范区"称号，2016年被授予"中国大豆油之乡"称号。

品牌提升阶段：自2009年开始，九三垦区深入推进农业供给侧结构性改革，以提高农业质量效益和竞争力为目标，深入实施品牌强农战略，打造九三大豆金色招牌。九三大豆在取得国家地理标志产品保护、农产品地理标志登记保护后，先后获中国百强农产品区域公用品牌、黑龙江省十大区域公用品牌等30多项荣誉，九三大豆知名度、影响力日益提升，步入了品牌农业发展的新阶段。从2020年的22.91亿元到2021年的34.65亿元，再到2022年的50.27亿元，九三大豆品牌价值从无到有、从小到大、一路跃升，成为中国大豆品牌价值第一品牌。

文以化人：多姿多彩的豆都文化

根植于黑土文化、地域文化，融汇于军垦文化、知青文化，新时代的九三分公司在大力发展大豆产业的同时，立足资源优势，聚焦大豆文化，为企业、产业、产品赋予文化内涵，推动了九三大豆品牌增值及品牌影响力的扩大。

故事是最形象、最生动的文化表达。九三分公司以大豆为媒，广泛开展丰富多彩的文化活动，不断挖掘文化内涵，讲好品牌故事，形成了"一节一赛N活动"的豆都文化传播格局。"一节"即北大荒大豆节，自2010年迄今已举办8届；"一馆"即九三大豆品牌馆，已成为承载大豆品牌文化的重要载体；"一赛"，即"豆都杯"职工豆制品烹饪大赛，已连续举办多年，进一步繁荣了大豆饮食文化。同时，由闫宝晶创作的《九三大豆品牌叫响大江南北》获中国百强农产品区

第三届"豆都杯"职工豆制品烹饪大赛

九三职工书法作品

域品牌最佳品牌故事，由王胜创作的《豆娃歌》在九三垦区久唱不衰，由付红梅创作的剪纸长卷《大豆赋》在2010年首届国际大豆产业博览会暨北大荒大豆节上创大豆题材剪纸长度之最，由刘海生、岳静华、廖少云等人创作的文学作品在这一时期都产生了重要影响。

书法艺术是九三企业文化的一张亮丽名片。九三垦区现有中国书法家协会会员2名、黑龙江省书法家协会会员26名、北大荒书法家协会会员89名。他们以精神为笔、时代为墨，在传播企业文化、繁荣书法文化中发挥了重要作用。

为全面展示九三书法文化，2018年12月24日，由九三分公司投资的北大荒书院正式启用，总面积728米²，成为黑龙江垦区唯一一所集书法文化旅游、书法展览、书法体验、书法研究、书法专业人才培养等功能于一体的专业文化艺术展示交流培训中心，先后被黑龙江省书法家协会和青少年书法报社授予"创作培训基地"称号。

近年来，依托于九三现代化大农业景观和自然景观，九三分公司着力打造摄影文化，通过镜头传递九三之美、大豆之美，并打造成为中国艺术摄影学会、黑龙江省摄影家协会、北大荒摄影家协会的创作基地。九三垦区一大批摄影作品入选北京国际摄影周、辽宁省专题摄影展览、黑龙江省庆祝建党100周年摄影展、北大荒集团摄影展等多个展览并获奖，反映九三大豆壮观收获场面的图片在《人民日报》《人民摄影》《农民日报》《中国农垦》《黑龙江日报》等报刊进行了发表。

 ———————————————————————— **品质特色**

　　中国是世界大豆原产国。成书于春秋时期的《诗经·大雅·生民》中有这样的记载——"蓺之荏菽，荏菽旆旆"，"荏菽"就是大豆，可见大豆的种植历史非常久远。九三分公司地处黑龙江垦区，独特的地理环境尤其适宜大豆生长，大豆单产、品质表现非常优秀。

　　近年来，九三分公司在大豆经营中突出订单农业导向，在专品种种植、专品种收获、专品种贮藏、专品供应上发力，在大豆品种上突出高产、高蛋白、高脂肪种植方向，九三大豆具备匀质、优质的特点，深受国内高端食品企业和广大消费者青睐。

九三大豆品质特性

1. 外在感官特征

九三大豆籽粒为圆形或椭圆形，百粒重在18～22克，籽粒大小在0.5～0.8毫米，色泽光滑、黄色，粒大、粒圆，饱满，皮薄，脐色为淡黄白色，完整率达95%以上。

2. 内在品质指标

九三大豆品质优越，豆类营养指标参数高。大豆蛋白质含量40%以上、脂肪含量20%以上，蛋白质和脂肪总量大于60%，水分含量13%以下，铁含量大于7毫克/100克，锌含量大于28毫克/千克，维生素E含量大于2毫克/100克。

3. 独有品质特性

九三大豆产业创新研究院的研究表明，九三大豆生产于中国非转基因大豆

九三大豆颜值高

核心保护区，从九三垦区1949年开发建设以来，大豆就是主要的生产作物；垦区毗邻小兴安岭南麓，产区生态环境优美，黑土资源丰富，冬季酷寒，夏季温暖，所产各品种大豆抗逆性好，异黄酮、卵磷脂、肌醇磷脂、总低聚糖和纤维素等多项指标都远高于其他地区同品种的大豆。

中国农业科学院作物科学研究所研究员、国家大豆产业技术体系首席科学家韩天富说：过去的10年里，我们对全国大豆产区1700多个产品进行取样和品质分析，经过对比之后发现，以九三垦区为代表的东北北部高寒地区的大豆，具有多种功能性成分含量较高、综合品质较好的特点，是最适合广大城乡消费者食用的大豆产品。

九三大豆主栽品种

20世纪八九十年代，九三大豆栽培面积较小，品种相对单一。北部农场以东农44号、华疆2号、华疆4号等为主栽品种；南部农场温度较北部农场高，以九三87-8、九三87-9等为主栽品种。到21世纪初，随着大豆产业的不断发展，大豆种植面积不断增加，品种更新也不断加快。目前，九三垦区以质优高产高蛋白的黑河43号为主栽品种，年播种面积占大豆播种面积的50%～60%。

1.高蛋白大豆

黑河43号：圆粒，种皮黄色，有光泽，种脐浅黄色，出苗至成熟生育日数115天左右，需≥10℃活动积温2150℃左右。百粒重20克左右，粗蛋白质含量41.84%，粗脂肪含量18.98%。适宜加工腐竹、豆腐皮、豆干、豆浆等。

黑河43号

黑河52号：籽粒圆形，种皮、种脐黄色，有光泽。百粒重20克左右，蛋白质含量40.55%，脂肪含量20.47%。中抗大豆灰斑病和大豆胞囊线虫病。生育日数为115天左右，需≥10℃活动积温2150℃左右。适宜加工豆腐、豆干等制品。

蒙豆36号：籽粒圆形，黄色种皮，种脐淡褐色。百粒重16.4克，粗蛋白含量45.49%，粗脂肪含量19.39%。生育日数为115天左右，适宜≥10℃活动积温2200℃以上地区种植。适宜加工冲调饮用系列，如速溶豆粉、豆奶粉、豆奶、豆腐晶；添加剂用系列，如分离蛋白、浓缩蛋白、组织蛋白、全脂大豆粉等。

龙垦310：圆形，种皮、种脐黄色，有光泽。百粒重26.8克左右，蛋白质含量41.93%，脂肪含量18.58%。适宜豆腐加工、蛋白加工。

双青豆：圆形，种皮绿色，种脐浅绿色，有光泽。百粒重20克左右，平均蛋白质含量43%。出苗至成熟生育日数105天左右，需≥10℃活动积温2070℃。双青豆富含蛋白质和多种维生素、微量元素，用途广泛，可煮熟食用，亦可生成豆芽或加工成豆制副食品。

黄仁乌：蛋白质含量36%，脂肪含量12.5%，百粒重17.1克，皮油黑，中粒黄仁。该品种生育期115天，适宜加工豆豉、纳豆、黑豆浆等食品。

黑珍珠：蛋白质含量36%，脂肪含量12.8%，百粒重11.1克，皮油黑，黄仁。该品种生育期112天，适宜加工豆豉、纳豆、黑豆浆等食品。

2.高油大豆

垦鉴豆27号：籽粒圆形，种皮浓黄，有光泽，杆强，韧性好，株型收敛，株高80～90厘米，结荚高度15～20厘米，适合机械化收获。蛋白质含量36.83%，脂肪含量21.13%，抗旱耐涝、高产稳产适应性强。适宜加工腐竹、豆腐皮、豆干、豆浆等制品。

垦鉴豆27号

垦鉴豆28号：籽粒圆形，种皮浓黄，有光泽，杆强，韧性好，株型收敛，株高80～90厘米，适合机械化收获。蛋白质含量38.93%，脂肪含量21.43%，抗旱耐涝、高产稳产适应性强。适宜加工腐竹、豆腐皮、豆干、豆浆等制品。

3.双高大豆

龙垦332：籽粒圆形，种皮、种脐黄色，有光泽，百粒重18克左右。蛋白质含量40.08%，脂肪含量21.18%。生育日数110天左右，需≥10℃活动积温2200℃左右。龙垦332为双高大豆品种，可以满足大豆榨油企业的需要，另外其生产的豆粕粗蛋白含量较高，可以满足饲料行业的要求。

4.专用大豆

垦丰22号：该品种籽粒大，感官均匀整齐，色泽自然匀称，蛋白含量高，磨制豆浆口感细腻，豆香浓郁，营养丰富，十分适合做豆浆豆。

金源55号：适宜加工腐竹、豆腐皮、豆干、豆浆等制品。

垦丰22号

鑫兴1号：可以加工豆浆、豆腐、干豆腐（百页）、冻干豆制品、干燥豆制品等。

北豆14号：适宜加工腐竹、豆腐皮、豆干、素食及豆浆等制品。

九三大豆质量安全控制

九三大豆组织化、机械化、集约化程度高，100%实现了专品种种植、专品种收获、专品种贮藏。产地环境符合《绿色食品 产地环境质量》（NY/T 391—2013）、贮藏和运输符合《绿色食品 贮藏运输准则》（NY/T 1056—2021）中的规定。产品符合《食品安全国家标准 食品中农药最大残留限量》（GB 2763—2014）、《食品安全国家标准 食品中污染物限量》（GB 2762—2012）中的规定。生产、贮藏均符合国家绿色食品标准。

九三分公司先后建成9个测土配方施肥检测中心、33座粮食处理中心和种子加工厂，以及39个全程可追溯、农产品质量可监控的"互联网＋"绿色有机种植示范基地；建立健全了农业生产标准化管理体系、农产品质量检测体系、多普勒气象雷达预报体系、有害生物预警防控体系、测土配方施肥体系和智能化数字农业应用体系；推广应用节水灌溉、农药安全施用等新技术，保证了九三大豆的质量安全，赢得了更广泛的市场认同和增值空间。

九三分公司编印的各种质量管理手册

为管理运营好九三大豆地理标志产品，九三分公司建立了《九三大豆地理标志产品质量控制技术规范》，以建立大豆生产档案、农业投入品监管、大豆检验检测及市场准入等机制为切入点，构建大豆质量安全标准体系；以开展技术培训、技术服务、发挥核心示范区辐射带动作用为推广手段，把绿色大豆标准化生产技术落到实处。充分发挥农业经营主体在基地建设中的积极作用，按照"统一优良品种、统一生产操作规程、统一投入品供应和使用、统一田间管理、统一收购加工、统一品牌销售"的原则实施标准化作业和规范化管理。通过实行连片集中作业的生产方式，提高了生产效率，保证了大豆品质，实现了大豆生产集约化。大力示范推广保护性耕作、种养循环、减肥减药等新技术及新模式，大力开展"两品一标"认证，树立"非转基因、绿色有机、专品种"三大品牌，通过技术管理手段实现基地定向生产，保证产出的每一粒大豆用得安全、吃得放心。

　　九三分公司在尖山农场建设了覆盖全垦区的农业数据中心，通过田间终端设备实现了数据的自动采集。消费者只需扫描产品包装的二维码，就能了解到产品原料基地各项信息，提升了信任度，为稳步拓展销售渠道、扩大消费群体、增加销售数量、提高产品附加值夯实了基础。

　　截至2022年年底，九三分公司有机认证面积58.9万亩，占总播种面积的23%；绿色食品认证面积188.4万亩，占总播种面积的73.5%。其中确立了

256万亩的大豆食品专用原料生产基地，推动农产品产量和品质的"双提升"，可以为订单的签订提供定制化服务。

九三大豆及其加工制品

"要长寿，多吃豆""宁可一日无肉，不可一日无豆"……中国民间自古就有很多关于大豆的养生谚语。大豆不仅味美，而且具有很高的营养价值，被称为"豆中之王""田中之肉""绿色的牛乳"等，是数百种天然食物中最受营养学家推崇的

大豆生育期调查

食物之一。除此之外，大豆加工后的各种豆制品，不但蛋白质含量高，而且含有多种人体不能合成又必需的氨基酸，像豆腐的蛋白质消化率高达95%，为理想的补益食疗之品，已成为风靡世界的健康食品。九三大豆颗粒圆润饱满，皮薄色黄，含有丰富的油脂、蛋白质，质量上乘，蛋白脂肪总含量大于60%，铁含量大于7毫克/100克，锌含量大于28毫克/千克，维生素E含量大于2毫克/100克，是高端大豆食品加工的优质原料。

近年来，九三分公司以市场需求为导向，以优质专用品种布局为重点，已发展形成豆浆豆、腐竹豆、蛋白豆、芽豆、豆花豆、豆腐豆等六大类20余个专品专供品种，实现了100%专品种种植、专品种收获、专品种贮藏，成功打造成为中国大豆食品专用原料生产基地。除以绿色优质的原料大豆供应国内豆制品加工企业以外，九三垦区还建有21家大豆深加工企业，总加工能力达10万吨，年产腐竹、豆干、笨榨豆油等各类豆制品3万吨，服务省内外广大消费者。

腐竹产品

豆仁豆浆

笨榨豆油

九三垦区是黑龙江省最大的绿色腐竹生产基地，拥有北大荒荣军豆制品加工有限公司、黑龙江省九三农垦金露豆制品加工有限责任公司、黑龙江省农垦豆都好食机蔬菜精深加工有限公司等腐竹生产企业，产品面向中高端市场，主要生产黄腐竹、黑腐竹、绿腐竹、豆皮和鲜腐竹及冻干腐竹等系列，畅销北京、上海、天津、广东、福建、四川等省份。

位于鹤山农场工业园区的黑龙江省九三农垦金泽豆制品加工有限公司，面向场外高端市场，研制出适合都市青年口味的"觅豆"牌即食腐竹、"豆得儿"牌休闲豆干等13款即食产品，已在北京、青岛、沈阳、哈尔滨等城市设立了线上线下营销网点，"豆得儿"牌休闲豆干荣获"2020中国特色旅游商品大赛"入围奖。

众所周知，"九三"大豆油是我国国产非转基因豆油的知名品牌，"九三"大豆油的发源地正是北大荒九三垦区。多年以来，九三垦区秉承"绿色""有机""健康"理念，突出优质大豆原产地优势，鼓励各农场发展古法压榨笨榨大豆油产业。笨榨大豆油主要销往省内的哈尔滨、大庆、齐齐哈尔等地，借助"九三"品牌影响，已经成为九三分公司的另一张靓丽名片。

九三大豆消费市场

中国大豆产业协会原常务副会长、广东大豆产业技术创新联盟名誉理事长刘登高说过："九三分公司是中国最优秀的大豆种植团队之一，凭借自然环境、科研力量和现代化的种植技术，九三大豆专品专用匀质的特性突出，可以说是优质大豆原料的首选。"九三大豆以优良的品质、稳定的产量、良好的业内口碑，销往国内黑龙江、辽宁、吉林、内蒙古、广东、广西、山东、江苏、福建、安徽、湖北、河南、四川、河北等地区，市场前景非常广阔，在国产大豆振兴战略中起到重大的推动作用。

在大豆销售上，九三分公司围绕加工企业对原料的需求，以工厂化生产制定产前产中前后的各项生产标准，实施农业全产业链标准化，实现专品种种植、专品种收获、专品种贮藏、专品种销售。以建设"市场导向型"绿色发展基地为核心，面向消费需求，调优调专调特种植结构，做大做强主营主业的同时推行专用化以销定产，通过农业标准化、栽培技术模式化实现市场需要什么就种什么。根据品种指标特性按豆浆豆、大酱豆、豆乳豆、豆粉豆、豆腐豆、腐竹豆、豆花豆、豆豉豆等不同用途进行试验筛选，实现大豆专品、专种、专供。此外，注重大豆营销体系和营销专业队伍建设，加快补齐大豆营销服务上的短板；在所属农场建立了11个粮贸公司，主营粮食收购、处理、仓储、包装、销售和特色农副产品批发零售等业务，进一步整合大豆品种、品质资源；注重抓好九三大

专品种贮藏

豆与加工企业的直接联系对接，减少中间销售环节，降低中间销售成本，并为加工企业提供代收代储和订单生产、私人订制服务。

中国食品工业协会豆制品专业委员会秘书长吴月芳对九三大豆专品种种植给予高度评价："能把高蛋白大豆按照水溶性和凝胶性细化到哪些品种适合做豆浆、哪些品种适合做休闲食品，这么精准的专用品种种植在全国仅此一家！"

通过参加中国大豆产业协会、中国食品工业协会豆制品专业委员会等行业组织活动，积极对接江苏、浙江、山东、广东等地豆制品行业协会，把九三大豆品牌推向全国，吸引了佛山市海天调味食品股份有限公司、达利食品集团有限公司、杭州祖名食品有限公司、山东禹王集团、广东大豆产业技术创新联盟等大型企业及团体纷至沓来，在九三垦区建立食品原料基地。

与烟台欣和企业食品公司签约仪式

广东百家鲜食品科技有限公司总经理唐周城，在使用九三大豆后这样说道："九三大豆的良好生态与有机、绿色生产基础奠定了其品质优良，规模化和标准化生产又决定了其品性表现均衡，其赖氨酸、谷氨酸等营养成分含量高而且稳定，所以我们企业在酿造高端酱油上选用的就是九三大豆。"

10 万吨大豆购销签约仪式

CHAPTER 5

生产管理

　　中国是大豆的故乡，主产地东北是世界上最适宜种大豆的地区之一，被称为大豆种植的"黄金地带"。黑龙江特有的黑土地为大豆生产提供了得天独厚的自然优势。九三垦区自然生态环境优越，气候条件非常适合大豆生长发育。九三大豆颗粒圆润饱满，皮薄色黄，品质优良，含有丰富的油脂、蛋白质，是黑龙江的著名特产，在国内外也享有盛誉。

大豆生产发展历程

　　据《九三农垦志1949—1985》记载，自1949年建立以来，大豆一直是九三垦区的主要栽培作物之一。20世纪50年代，因机械化程度低、管理困难，大豆种植面积较少。50年代以后，大豆成为九三垦区主种作物之一，经济价值较高，种植面积逐渐扩大。近20年来，大豆一直位于垦区各作物种植面积之首。

种植初期，大豆采用60～70厘米平播、或随播随起垄、或平播后起垄的种植模式。21世纪初采用"大垄密"的种植模式，种植密度由新中国成立初期的60万～80万株/公顷下降到现在的35万～45万株/公顷。这是与推广精量点播技术、"两耢一耥"耕法与化学药剂除草代替人工管理、减少了伤苗率等分不开的。

1960年前，由于国内化肥生产量少，大豆基本不施肥。进入20世纪80年代，大豆施肥量迅速增加。在施肥方法上由过去一律混施改为侧深施用，特别是尿素作种肥时，采取种肥分离施用，避免了对种子的伤害。这是九三垦区进入80年代以来大豆产量普遍提高的原因之一。

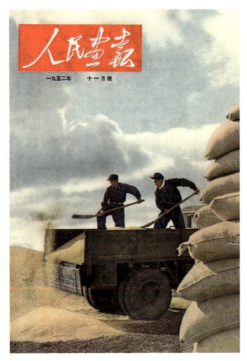

东北国营九三机械农场的堆豆场

20世纪60年代以前，由于机械力量较弱，大豆的收获除部分采用机械联合收割外，多采用人割放铺、拉回麦场脱谷等办法，收获时损失十分严重。70年代采用联合收割为主，机器割晒、人工收割相结合的方法，减少了自然炸粒、落粒等损失，并在机具上做了许多新的改装，提高了大豆收获质量。当前，九三分公司已经完全实现了机器收割，缩短了收获时间，为秋整地、秋起垄、秋施肥工作提供了时间。

1986年至今是九三分公司大豆生产发展最快、产量提高幅度较大、生产效益最好的时期。大豆种植由最初的粗放式生产发展为标准化、规模化、集约化种植，开垦的最初10年平均亩产只有39.6千克，近10年平均亩产达到180千克。

2021年，九三分公司大豆种植面积达到220.3万亩，总产量421 200吨，平均亩产191.16千克，大豆百粒重比常年增加2～4克，蛋白质含量提升了3～4个百分点。

大豆生产管理特色

　　九三分公司开发建设的70多年里，积累了丰富的大豆种植经验，广大职工不仅田间作业技能娴熟而且作业质量标准高，大豆科研、生产技术和质量追溯体系完善。九三大豆生产管理呈现以下显著特点：

1.大豆种植品种专用化

　　九三分公司区域内国产大豆种植品种资源丰富，适宜种植的大豆品种有100余个，90%以上属于高产、高蛋白、高脂肪品种，使九三大豆拥有了更广泛的市场空间和选择。目前，大豆主栽品种主要有黑河43号、黑河52号、蒙豆36号、北豆53号和龙垦310，百粒重在18～22克，籽粒大小在0.5～0.8厘米，粗脂肪含量为19%～23%，粗蛋白含量为38%～45%。为适应市场需求，九三分公司每年都引进种植一批具有特殊用途的专用大豆品种。为了保证大豆原料的专用性和标准化，九三分公司充分发挥大豆生产组织化、机械化、集约化程度高的优势，100%进行专品种种植、专品种收获、专品种贮藏和专品种销售。在销售上，对大豆进行分级筛选，按照不同规格、不同等级进行分类销售，坚定不移地走大豆食品原料专用化道路。

打造中国大豆食品专用原料基地

鹤山农场农机展示中心

2.农机装备水平现代化

九三分公司已基本建立现代化大农业体系，农业生产组织化、集约化、机械化程度较高。2022年，公司拥有农机总动力44.85万千瓦，农业机械化率99.97%；拥有各类大型农机具9657台（套），其中进口大型拖拉机644台、进口精密播种机607台、进口200马力*以上大型收获机607台；拥有GPS/BDS自动驾驶系统864套。大豆生产从播种、田间管理、病虫草防治到收获等已经全部实现了机械化，尤其是飞机航化作业为防治大豆食心虫和病害提供了有效保证，强大的机械力量为九三大豆生产提供了坚实的基础。

3.组织管理水平集约化

多年来，九三分公司始终致力于绿色大豆产业发展，完善质量标准体系；以建立大豆生产档案、农业投入品监管、大豆检验检测及市场准入等机制为切入点，构建大豆质量安全制度框架；以开展技术培训、技术服务、发挥核心示范区辐射带动作用为推广手段，使绿色大豆标准化生产技术落到实处；推行适

---

*马力为非法定计量单位，1马力≈735瓦特。

度规模经营管理模式，实现了两个"六统一"：农艺"六统一"即统一轮作、统一供种、统一配方施肥、统一植保措施、统一技术标准、统一田间作业，农机"六统一"即统一机具停放管理、统一农机作业计划、统一组织机械调动

客家婆豆花原料特供基地

联合作业、统一田间作业操作规程、统一作业质量标准、统一农机作业收费标准。通过实行连片集中作业的生产方式，加快了农业生产进度，提高了作业质量，促进了农作物生产。经过多年的努力探索和示范推广，九三分公司已经形成了一个系统较完备、机制较健全、运作较规范的大豆生产创新管理机制。

4.农业服务支撑体系化

目前，九三分公司健全并应用了农业生产标准化管理体系、农产品质量检测体系、多普勒气象雷达预报体系、有害生物预警防控体系、测土配方施肥体系、农作物健身防病体系和领先的智能化数字农业应用体系。建有农

田间技术指导

用飞机场8处，飞机航化作业面积达到126万亩；有粮食处理中心和种子加工厂33座；设有测土配方施肥检测中心9个，可覆盖全局所有耕地的土壤检测工作。

5. 大豆栽培技术模式化

在生产实践中，九三分公司摸索出了一整套成熟的大豆栽培模式——大豆大垄高台密植栽培技术。该技术采用主茎结荚品种，秋起大垄，宽台密植，垄上三行、行距22.5厘米，垄底深松，垄体测土分层施肥，垄上精量点播、化学除草、航化作业、健身防病、机械收获等综合配套技术比常规措施增产10%～15%。该模式抗旱能力较强，增产效果好，大豆种植全面积应用此技术。同时推广应用了保护性耕作、生物技术、节水灌溉、测土配方施肥、病虫草害综合防治、大豆根瘤菌等先进技术，也使大豆综合生产能力增强，现代化大农业优势显著。

6. 大豆生产全过程绿色化

多年来，九三分公司大豆生产始终坚持"打绿色牌，走特色路"，严格执行绿色食品行业标准，建立完善了九三大豆绿色生产技术规程，全力推进绿色生产。2022年，九三分公司绿色食品大豆认证面积188.4万亩、有机农产品大豆认证面积58.9万亩，绿色大豆产品认证数量10个、有机大豆产品认证数量10个。九三分公司还建立了39个"互联网+"绿色有机种植示范基地，通过手机App终端可实时对田间作业情况、作物生长情况进行监控，实现了"环境有检测、操作有规程、生产有记录、产品有监督、上市有标识"的全程绿色标准化生产。

浩瀚无垠的豆海

提升大豆品质的几个途径

在大豆栽培管理中，九三分公司坚持综合防控。结合轮作、翻耕整地等农业措施，发挥其对部分难治病、虫、草害生态控制作用，降低病害、虫害、杂草的发生基数，减轻化学防治压力。适时播种，适时整地。严格质量标准，好的耕作措施和栽培方法，可以达到良好的

大豆播种

抗旱、抗涝效果，是保苗、壮苗的关键性措施，可为病虫草害控制创造条件。大力推广农药减量使用技术，选用高效安全的除草剂并适期施药，杜绝超剂量使用，保障安全，提升防效。

1.重视种子处理剂对大豆苗期病虫害的控制作用

在播种前，根据地域、积温条件和用途需要选择适宜的优良抗病品种。依据本地区生产条件、气候特点，以及近年来各作物品种试验示范和大田生产的

大豆苗期管理

综合表现，科学选用品种，真正做到主导品种突出、搭配品种合理。从源头严把质量关，对新型种植品种要通过两年的试验示范后进行大面积的示范推广；精选种子，净度、纯度都要达到99%以上，发芽率达到98%以上；逐渐更新播种机，对播种匀度不高的机型都要淘汰，机型选择稳定性好、匀度好的播种机，如大平原、马斯奇奥、豪狮等。

通过种子包衣及整地措施，提高地温，降低土壤湿度，增加土壤通透性，改善作物根际生长环境，增加苗期大豆抵御不良环境的能力，降低根腐病的发生概率，控制金针虫、地老虎、蛴螬等地下害虫的危害。

2. 以安全除草、预防草荒为重点开展化学除草工作

总结近年来气候变化及农业生产经验，提高农药喷雾作业质量、制定合理除草配方来提高药效和减少药害，坚持以土壤处理为主、苗后处理为辅的化学除草原则。围绕国家和上级部门"减药、减除草剂"要求为切入点，针对不同情况，优选配方。苗后茎叶除草掌握好作物的叶龄、杂草的草龄及田间杂草群落构成，结合气象条件及时施药；选择适当的除草剂配方，减少药害，降低除草剂使用量。紧密结合作物布局、杂草草相等情况，科学制定符合实际的农田杂草综合防控方案，开展科学控草技术试验示范，加强科学培训，普及科学除草。

3. 积极开展健身防病促早熟工作

坚持预防为主、防治结合的原则，严格监控农作物生产过程的病虫害。摸清病虫草害发生特点、规律，将病虫草害控制在萌芽未病或发病初期，达到病虫草害防治的最佳效果和理想目标。加强田间管理，在关键生育期合理浇水、施肥、农艺操作，创造良好外部环境，培养健壮植株，是预防病虫草害的重要基础。坚持"农业防治、物理防治、生物防治为主，化学防治为辅"的原则，减少化学农药施用量，向低毒、高效、低污染新型生物农药方向发展，科学规范用药，保护生态环境。

在农业生产中，对农作物生产过程实行全程技术监控，严格操作规程，严控农药用量，精准配比施治，对病虫草害早预测、早测报、早预防，及时发布病虫草害发生发展动态，实时监测农作物生长情况，早发现、早治疗，将病虫草害控制在初发期、低龄期，从而提高农产品质量。

航化作业为大豆健身防病

　　九三分公司通过大量的试验示范，总结了几套健身防病促早熟方案，并在各农场推广应用，取得了良好的效果。通过此项工作，可以有效控制大豆生育期病虫害及提高大豆营养组分含量，确保生产出绿色、优质农产品。

4.开展秋整地、秋施肥，增施有机肥

　　秋整地可以提高地温，为春天播种提供时间；秋施肥可以提高肥料利用率；增施有机肥可以改变土壤微环境，提高土壤活力，从而使植株强壮，抗病抗倒伏能力增强。秋整地以深松或浅翻深松为主，松、翻、耙相结合。对土壤耕层总体要求要达到深、细、平、碎、透。在土壤干湿适度时及时深松，要求打破犁底层，深松深度30～35厘米，达到耕层以下6～15厘米，深浅一致，不漏松，不重松，不起大块。沙壤土地块不宜深翻。深松后，松耙结合，进行两遍耙地作业，深度18～20厘米，无大土块和暗坷垃，要做到耕层土壤细碎、平整，达到起垄状态。秋施肥作业在平均气温低于10℃、封冻前完成。应用垄上三行施肥，垄向笔直，垄高（压后）18～20厘米，垄顶宽（压后）65～70厘米，施肥深度（压后）12～15厘米。秋施肥后注意适时镇压封墒。

　　绿色施肥建议：采取有机无机相结合、立体施肥的方式，通过秸秆还田、

秋起垄夹肥

施有机肥、配合中微量元素，实现大豆不同时期的肥料需求。

施肥方法：采用分层深施肥。每公顷施用农家肥10吨以上、尿素40千克、磷酸二铵105千克、硫酸钾20千克。秋施不上的移到春施。亩施化肥纯量6.5千克，氮∶磷∶钾的比例为1∶1.3∶0.24，具体施肥量应以土壤检测为依据，结合经验施肥适度调整。增施有机肥，每公顷尿素、磷酸二铵等氮、磷无机化肥商品用量170千克以内，实施全程施肥、立体施肥、合理应用优质叶面肥。

旱作农业要求种植技术与措施，全年围绕水分、热量和无霜期制定。提高耕整地质量，秋整地、秋施肥、秋起垄能够实现秋水春用，起到缓解春季旱情的作用。在保证作业质量的前提下，抢抓农时，提高作物抗逆能力，早春促苗，中后期促熟。

大豆订单生产模式

近年来，九三分公司通过与大豆生产企业、大豆收购企业洽谈合作，探索出"基地＋企业＋农户"的订单农业模式。2020年，九三大豆种植面积253.7万亩，其中签订订单面积201.9万亩，占种植面积的80%；2021年，九三大豆种植面积220.3万亩，其中签订订单面积187.2万亩，占种植面积的85%。

2022年，九三大豆种植面积256万亩，其中签订订单面积217.5万亩，占种植面积的85%。

1.初期订单模式

为解决种植户卖粮难问题，在大宗粮食销售中卖上好的价格，快速地将粮食销售出去，九三分公司组织各农场积极与粮食贸易商、加工企业建立种植订单合作关系，农场在其中发挥对接服务的作用，所有的利润都返给种植户。

2.优质订单模式

以九三分公司所属粮贸公司为经营主体，与大型粮食收储、加工企业合作，签订优质订单，建立一次性和常年分批分次相结合的供货关系，订单的价格高于同期市场均价，农场在粮食经营中获取经营利润。2021年，九三分公司创新订单模式，与九三粮油工业集团有限公司共同出资成立了北大荒九三大豆供应链管理（嫩江）有限公司，以之为平台与大客户交易，销售大豆11万吨，每吨高于市场价210元，共增加利润2310万元。

禹王集团大豆原料专供基地

3.信用合作模式

信用合作模式的特点是定量不定价,定期发货并按照商定的价格结算,这种合作需要建立彼此信任的长期合作关系。红五月农场从2018年开始与广东省大豆产业技术创新联盟合作,建立豆花专用、豆豉专用大豆种植基地,订单履行也从最初的合同订单购销方式逐渐发展成了定期下单、信用成交形式的供销合作模式,合作量逐年增加。2018年12月合作200吨,2019年合作1500吨,2020年合作2000吨,2021年合作4200吨。

九三分公司开展订单生产模式,从经济角度讲,有助于在市场价格低迷销售难的情况下,以订单优先确保大豆能够销得出、有微利,最大限度地保障种植户的收益;从基地自身讲,根据采购企业需要开展专品种种植,可实现大豆产品品种定制化采购和精准化供应;从市场影响力讲,可以实现九三分公司农场基地与加工企业合作相互背书,共同在市场上塑造良好形象。

大豆收获

科技研发

　　九三分公司农业科技创新推广体系健全。公司现有农业科技人员121人，建有九三农业科学研究所和九三大豆产业创新研究院，各农场均建有农业科技园区，科研实验场地、设备、人员配备精良，围绕11个农业科技园区和南北两条300千米长的农业科技示范带建设，长期开展大豆新品种、新技术试验示范，构建形成了以大豆试验－示范－推广为主的农业科技示范网络，具有较强的大豆品种和栽培技术创新能力。九三分公司充分发挥自身农业生产规模化、组织化、集约化优势，通过联营、联盟、联合等方式，与中国农业大学、北京师范大学、东北农业大学、黑龙江八一农垦大学、黑龙江省农业科学院、黑龙江省农垦科学院、国家大豆产业技术体系等20多个科研机构和大专院校建立了长期合作关系，大量的大豆生产、加工科研成果源源不断地从这里产出，加快了大豆新技术推广应用，公司大豆生产技术水平不断提升。同时，国家大豆产业技术体系在公司设有综合试验站，可以实时共享国内最先进的大豆科研成果，随时接受知名大豆专家的技术指导和服务。

科研院所

多年来，九三农业科研以应用研究和开发研究为主，以大机械、大农场、大生产基地为服务对象，选择经济建设中亟待解决的技术关键问题为主攻方向，引进、消化和推广国内外先进适用技术，开展现代化农业生产技术试验和应用研究。科研课题包括应用研究、试验示范、工程设计、技术开发、推广服务及生产性活动，贯穿了从科学研究到直接生产应用的全过程，其成果集中表现为提高生产能力和经济效益。

1.九三农业科学研究所

九三农业科学研究所前身为东北机械农场管理区国营鹤山农场试验区，成立于1950年11月；1997年5月更名为黑龙江省农垦总局九三科学研究所；2004年划归黑龙江省农垦科研育种中心领导；2005年明确为财政补助事业单位，更名为黑龙江省农垦总局九三农业科学研究所。

九三农业科学研究所

九三农业科学研究所现隶属黑龙江省农垦科研育种中心，是一家集农作物科研、开发、示范推广、技术服务为一体的综合性科研单位。现有科技人员10人，其中正高级职称1人、高级职称8人、中级1人。

九三农业科研所地处小兴安岭南部、嫩江河畔，是农业部划定的大兴安岭沿麓优质强筋春小麦产业带，承担国家、黑龙江省、黑龙江省农垦总局小麦、大豆、玉米、甜菜品种区域试验，2008、2009年分别被农业部列为国家大豆产业技术体系九三综合试验站、国家糖料产业技术体系九三综合试验站。

九三农业科学研究所现设有大豆试验站、甜菜试验站、小麦栽培研究室、玉米研究室、单位自立项目小麦育种等5个研究室，主要从事大豆、甜菜、小麦、玉米新品种研发及农作物抗自然灾害能力研究，其中大豆试验站及甜菜试验站属于国家课题项目。

自1978年以来，九三农业科学研究所一直承担各级大豆育种课题的研发工作，共审定农作物品种149个，包括"六五"以来审定推广30个大豆品种，其中，九丰1号获1988年黑龙江省科技进步奖三等奖，九丰2号和九丰3号获2004年九三分局科技成果奖二等奖，垦鉴豆22号和垦鉴豆31号获2003年度九三分局科技进步奖二等奖和三等奖；北豆19号、北豆37号、龙垦336、九研2号获植物新品种权证书。

2.九三大豆产业创新研究院

九三大豆产业创新研究院是九三分公司与黑龙江八一农垦大学于2019年合作共建的，是推进企校合作、资源共享、互惠双赢的实践载体，是加强产学研推合作沟通、创新合作模式的新突破。研究院自成立以来，一直着力解决九三分公司大豆产业发展中存在的瓶颈问题，并在农业技术人员能力培养、现代职业农工与合作组织培训、农业企业家能力提升等方面开展人才培养，为九三分公司农业产业发展提供科技保障。

九三大豆产业创新研究院

九三分公司着力推进食品专用大豆基地建设，实现大豆的专用化、优质化和多样化。针对大豆价格低迷、种植收入增长乏力、农业资源环境"硬约束"等实际，着力在大豆品质提升、专供品种种植、节本增效、精深加工、食品追溯、产品营销方面寻求突破。2020年以来，九三分公司每年为研究院投入专项科研经费90万元，累计设立29个科研攻关课题，着重解决大豆生产化学投入品减量使用、生产成本居高不下、农业生产废弃物循环利用无害化处理等问题；同时，制定九三大豆差异化发展战略，构建九三大豆营销体系，建设绿色优质专用品种大豆种植生产技术标准体系，科学划分大豆品种用途。

科技园区

九三分公司及下属农场建有黑龙江省级农业科技园区1个、全国基层农技推广体系改革与建设补助项目农业科技试验示范基地3个、九三分公司或农场级农业科技园区7个。

1.农垦九三省级农业科技园区

批准机关为黑龙江省科学技术厅，批准时间为2012年12月，建设期为2013—2015年，主要建设内容围绕"17289"任务布局，即1个核心7个功能区，2条农业科技示范带覆盖80万亩，带动900万亩辐射区。核心区以九三管理局为核心，建设7个功能区，按照"一园多区"的建设发展格局，规划为现代旱作农业高新技术创新区、农机信息化示范区、物流商贸服务区、农产品加工研发区、生态小城镇建设区、优质奶牛养殖试验示范区、旅游观光示范区等七大功能区。各功能区按照功能不同，划分为若干子区，形成了一个特色鲜明、结构合理、功能完备的现代农业科技示范园区。经过3年的建设期已全部完成任务。核心区中七大功能区建设已经完成，建成南北两条长约300千米的农业科技示范带，覆盖九三垦区80万亩示范田，每年示范推广新技术、新模式20余个。

2.鹤山农场农业科技示范园区

鹤山农场农业技术推广中心始建于1972年，经过40多年的发展和建设，成为现在的农业科技园区。根据2019年全国基层农技推广体系改革与建设补助项目的要求，鹤山农场成为长期稳定试验示范基地。试验示范基地落户在鹤山科技园区1号地和5-1区，1号地150亩、5-1区面积668亩，拥有自主产权。基地有固定的办

鹤山农场农业科技示范园区

公场所，有配套的浇灌设备（泵房1座、固定管道1条），水源充足，满足示范基地的用水要求，同时农场有测土配方施肥检测中心、气象站、农技中心等配套服务部门，试验示范基地安装有"互联网＋农业"系统，安装全程监控，具备技能培训、技术推广、试验示范成果转化、信息化应用展示、观摩等农业服务能力。随着硬化路面及采摘园的发展，园区也成为休闲观光的场所。

3.大西江农场农业科技示范园区

大西江农场农业科技示范园区于2004年秋建成，核心试验区面积402亩，是全国基层农技推广体系改革与建设补助项目农业科技示范基地，主要从事农业科学试验，负责引进大田作物及作物品种进行区域试验、生产试验、鉴定比较试验、品质提升试验、肥料减施试验，同时开展大豆品种繁育、新作物引种、中草药示范工作。2018年以农场科研站为主要骨干的黑龙江省级劳模与工匠人才创新工作室成立，拥有测土配方施肥、病虫害监测、气象自动观测等专业设备34台(套)，图书室、培训室、化

大西江农场农业科技示范园区

验室、办公室等办公总面积1200余米²，服务团队总人数20人，其中高级职称4人、本科及以上学历10人，人员平均年龄40岁。围绕生产经营管理工作中的难点、热点问题，组织实施技术创新、生产突击、服务基层一线等多项创新实践活动。2020年，实现大豆百粒重21～22克，蛋白含量普遍在41%左右，由科研站长温淑霞选育的豆浆豆专品种"西丰1号"正在报审中。

4.尖山农场农业科技园区

尖山农场农业科技园区是黑龙江农垦九三省级农业科技园区核心区，也是全国基层农技推广体系改革与建设补助项目长期稳定农业科技示范基地，2009年由尖山农场投资建立，位于尖山农场九尖线附近。园区总占地面积625亩，

尖山农场农业科技园区

主要开展大豆、玉米、高粱及中草药等经济作物的新品种、新技术、栽培模式、肥料等试验及示范工作，现有农业技术人员7人。园区以引进、研发、应用、培训、推广先进技术，推进旱作农业现代化科技进步为宗旨，划分为玉米优质高效体系示范区、大豆优质高效体系示范区、高新科技成果转化示范区、百草园示范区、采摘观光区、病虫害预测预报平台等6个功能区。

通过与东北农业大学、黑龙江八一农垦大学、黑龙江省农垦科学院等大专院校、科研院所合作，年平均开展数字大豆、三减示范等各类试验示范项目达到30余项，引进筛选玉米、大豆等作物品种30余个，年平均转化科技成果3~5个，年平均推广实用型技术措施10余个，旱作免耕技术、生物防治技术、大豆侧深施肥等多项技术已经在各管理区开花结果，落实面积达到30余万亩。通过多项技术的集成应用，园区辐射带动2000余户增产增效，全场平均粮食作物亩增产达到10千克，年平均增效达到500万元以上。

5. 红五月农场科技示范园区

红五月农场科技示范园区位于红五月农场第四管理区，由北大荒垦丰种业股份有限公司红五月农场分公司经营管理，核心区面积合计120亩，主要开展大豆和玉米的新品种、新技术、

红五月农场科技示范园区品种展示区

栽培模式、肥料等试验及示范工作。园区划分为玉米新品种引鉴示范区、大豆品种繁育区、生态种植试验区、高蛋白大豆展示区等功能区。其中，玉米新品种引鉴示范区30亩，主要进行审定玉米品种的示范种植；玉米品种展示区10亩，主要开展高产玉米品种试验，筛选引进适宜本地区种植的新品种；大豆品种繁育区60亩，主要开展大豆苗头品种的扩繁；生态种植试验区2亩，主要开展生物菌剂改善土壤微生态环境及调节作物生长、天然提取物改善作物品质试验；高蛋白大豆及特色豆展示区9亩，主要开展新审定高蛋白大豆品种、特色豆品种试验，筛选引进适宜本地区种植的新品种；高蛋白大豆示范区9亩，主要进行高蛋白大豆品种的示范种植。

6.七星泡农场农业科技园区

七星泡农场农业科技园区位于七星泡农场第八管理区科技园内，园区占地145亩，核心区种植面积120亩，划分5个功能区，分别为玉米、高粱新品种引鉴及生产栽培示范区，玉米除草剂试验区，大豆

七星泡农场现代农业服务中心

植保及良种繁育区，大豆品种试验、高蛋白大豆及特色豆展示区，株行圃、大豆肥料减量展示区。主要开展大豆、玉米、高粱等经济作物的新品种、新技术、栽培模式、肥料等试验及示范工作，以及大豆、玉米植保药剂的试验。通过实际种植发现、解决生产中出现的疑难问题，筛选适合本地区的大豆、玉米品种，探讨新品种栽培技术，为大田生产应用提供理论依据。

园区多年来积极与黑龙江省农业科学院、黑龙江省农垦科学院、黑龙江八一农垦大学开展技术合作，不断改善园区管理水平，引进新思维、新技术。同时借助数字农业系统和"互联网＋农业"平台的建设与应用，加快了新品种的示范应用和推广步伐，为推进现代化农业进程提供有力保障。

7.山河农场农业科技示范园区

山河农场农业科技示范园区为农场级示范园区，为山河农场直属二级单位，位于黑龙江省嫩江市山河农场场直，占地面积150亩，受山河农场农业技术推广中心垂直管理。现有在职人数6人，其中田间试验人员2人、管理人员4人，年投资总额约50万元，全部由山河农

山河农场农业科技服务中心

场出资。目前主要的技术支持与合作单位有东北农业大学、黑龙江省农业科学院、黑龙江省农垦科学院等。通过品种比对、区域试验、品种鉴定、生产模式探索、病虫害预警、经济作物引种等工作的开展，带动农业产业升级。

8.嫩北农场农业科技示范园区

嫩北农场农业科技示范园区核心区面积465亩，划分为南园区和北园区两大区。南园区主要进行着色香、无核白鸡心、天缘奇等葡萄集约化、规模化生产，以及豆角、黄瓜、番茄等有机蔬菜；北园区主要打造集科技示范、有机种植、食品加工于一体的现代化科技园区。区域划分为8个功能区，分别为北大荒集团玉米联网试验区、有机种植追溯区、多季玫瑰展示区、有机大豆生产全程机械化试验示范区、特经作物示范区、大豆新品种示范区、高蛋白大豆示范区、新型食品加工区。

嫩北农场"互联网＋农业"试验示范基地

重点科技项目

　　2000—2015年，九三分公司共组织实施科技项目334项，其中承担国家级科技项目5项、部（省）级科技项目24项、总局级科技项目89项，争取总局级以上科技项目经费415.4万元；获总局级以上科技进步奖18项，其中省科技进步奖2项、总局科技进步奖16项；获得国家专利10项，其中发明专利2项、实用新型专利8项。

　　围绕发展优质高效种植业、数质并重畜牧业，重点推广了测土配方施肥技术、农机卫星定位和自动导航驾驶系统、玉米进口精量点播机播种技术、农作物病虫害专业化统防统治技术、玉米叶龄诊断技术推广应用、奶牛优质冻精配种、全混合日粮饲养、生产性能测定等技术。通过重点技术的推广应用，粮食综合生产能力得到大幅提高，粮食总产稳定在115万吨以上。

　　2015年以来，九三分公司承担科技项目228项，合计经费6020万元。其中，测土配方施肥项目、全国绿色高质高效创建示范项目、黑龙江农垦耕地保护与质量提升项目等科研类课题项目，获批资金2345万元；全国农技推广补助项目、高素质农民培训项目等科技推广类项目累计投入资金3675万元。

　　尖山农场共实施黑龙江农垦耕地保护与质量提升项目、全国绿色高质高效

尖山农场大豆品种筛选基地

创建示范项目、测土配方施肥项目，累计获批资金1605万元，通过原垄卡种、精准精量施肥、秸秆全量还田、冲刷沟治理、黑土保护农机农艺措施等技术的推广应用，在有效保护黑土地的基础上进一步提升了大豆单产及品质。

大西江农场共实施黑龙江农垦耕地保护与质量提升项目、全国玉米绿色高质高效创建示范项目、农业部土壤有机质提升补贴项目，累计获批资金590万元。其中农业部土壤有机质提升补贴项目已结题，转换应用成果1项，成果转化产值533万元。

承担全国基层农技推广补助项目

九三分公司组织实施承担全国基层农技推广补助项目经费2278万元，累计推广应用集成技术43项，与中国科学院、中国农业科学院、中国农业大学、东北农业大学、黑龙江省农业科学院、黑龙江省农垦科学院、黑龙江八一农垦大学等科研院校合作开展了大豆大垄高台密植栽培技术推广、大豆垄上三行高产优质技术集成、大豆高油高蛋白新品种试验示范、农业害虫生态防控技术研究与示范等一批试验示范项目，加速了大豆优质新品种选育和新技术集成推广，加快了科技创新步伐。

2020年，鹤山农场承担北大荒集团数字农场试点项目，项目投资361万元。2022年，尖山农场承担第二批北大荒数字农场试点项目，项目投资300万元；鹤山农场承担产粮大县数字农业项目，项目投资1260万元。通过项目建设建立了农业大数据系统2套，更新智能农机装备3085台（套），北斗卫星导航自动驾驶、播种流量监控、施肥肥量监控、作业速率监测、深松整地监测等数字技术应用率达到100%；初步构建了天空地一体化监测体系，利用卫星遥感、航空遥感、地面物联网监测等技术，实现动态监测种植类型、种植面积、苗情、土壤墒情、作物长势、气候环境、灾情虫情，自动发布预警信息，全面提升了农业生产管理数字化水平、精细化程度和作业效率。

我国纬度最北的水土保持试验站

对外科技合作

与北京师范大学共建黑龙江九三水土保持试验站，1999年在鹤山农场境内鹤北小流域建站，2010年试验站纳入全国水土保持监测网络，2018年列入水利部115个水土流失动态监测站点，2019年获批为教育部野外科学观测研究站，是我国纬度最北的水土保持试验站。20多年来，试验站对九三垦区水土流失监测做了大量详细的数据收集，并对九三垦区区域水土保持工作提供了大量的实际解决方案。试验站发挥自身雄厚的科研实力，积极争取科研、项目资金，为九三垦区黑土地保护利用工作作出了积极贡献。

与中国农业大学合作开展"轮胎上的农田生态与粮食安全"试验、现代化牧场囊式发酵液体粪肥快检还田技术试验等项目，通过引进粪污无害化处理资源化利用关键技术、改造升级粪污处理配套设施、新建有机肥厂、优化有机生态种植栽培技术，打通了大豆种植生态有机循环生产的各个关键环节，初步形成了"区域性规划－分布式布局－种养循环"生态发展模式。2021年4月9日，农业农村部畜牧兽医局畜禽废弃物利用处组织的黑龙江省2021年春季粪肥全量还田现场会在九三分公司召开，九三分公司在农牧循环种养结合发展有机生态农业方面的做法得到各级领导、专家学者的肯定。

与东北农业大学合作，开展旱作免耕保护性耕作技术示范、东北大豆除草剂减施技术集成研究与示范、数字农业技术应用、农药降解剂试验、脱水剂试验等项目，通过采取工程、农艺、生物等综合措施，坚持用地与养地相结合，有效提升黑土耕地质量，取得较好成效。试验区黑土耕地质量等级平均为3.46，比东北黑土区高0.13个等级；土壤有机质平均含量38.97克/千克；秸秆翻埋还田或深松地块耕层厚度保持在30厘米以上。

与黑龙江省农业科学院合作开展了优质高效酒用高粱全程机械化栽培技术集成推广项目，引进龙杂17号、龙杂19号等优质高效品种，综合运用了三区轮作栽培模式、测土配方施肥、病虫草综合防控和健身防病等10项集成技术，实现了农机农艺相统一，使九三分公司酒用高粱基地从无到有、从小到大、从田间试验到全面推广。目前，年种植面积稳定在10万亩以上。

与黑龙江省农垦科学院开展特色经济作物种植、苜蓿品种筛选、食用菌种植等项目。2021年九三分公司与黑龙江省农垦科学院签订战略合作意向书，将在新技术研发、科研成果转化上开展合作，形成优势互补、资源共享、互利互惠、合作共赢的良好发展新局面。

与黑龙江省农垦科学院战略合作进行的签约仪式

 产业拓展

近年来，九三分公司以大豆资源为依托，以大豆加工为方向，以建设大豆加工产业园区为载体，以"九三大豆"和"豆都"为品牌，以腐竹加工、大豆速食食品、大豆休闲食品加工为重点，以强化大豆产品营销为保障，不断加快大豆产品"产加销"步伐。2022年，九三分公司区域内拥有大豆加工企业21家，年可加工大豆10万吨，以绿色腐竹、休闲食品、笨榨豆油、豆粉等为主的大豆产品加工格局已经形成。

专用大豆产销两旺

好销路源自专品种。九三分公司以市场需求和消费结构变化为导向，在国内率先推行大豆专品种种植。九三分公司区域内大豆种植品种资源极为丰富，适宜种植的大豆品种有100余个，90%以上属于高产、高蛋白、高脂肪品种，品种种类包括高蛋白大豆、黑大豆、绿大豆、芽豆、高脂肪大豆等，主要种植黑河43号、龙垦332、北豆37号、金源55号、龙垦3302等大豆品种。其中，黑河43号大豆蛋白含量达41.8%，龙垦332蛋白含量38.41%、粗脂肪含量21.55%，是食用性豆制品的优质原料品种。同时，通过推广垦鉴豆25号、垦鉴豆27号等优良品种，持续提升九三大豆品质，成功打造了中国大豆食品专用原料生产基地。

近年来，九三分公司以市场需求为导向，以优质专用品种布局为重点，进一步细分产品市场，九三大豆已发展形成豆浆豆、腐竹豆、蛋白豆、芽豆、豆花豆、豆腐豆六大类20余个专品专供品种，并实现100%专品种种植、专品种收获、专品种贮藏，种出的大豆颗粒圆润饱满、皮薄色黄，含有丰富的油脂、蛋白质，质量上乘，蛋白、脂肪总含量大于60%，铁含量大于7毫克/100克，锌含量大于28毫克/千克，维生素E含量大于2毫克/100克，是高端大豆食品加工的优质原料。

2022年，九三分公司大豆种植面积达到256万亩，占总播种面积的67%，年产绿色优质大豆50.7万吨，大豆专品种种植占大豆总面积的100%。专品种种植实现分级分类专项销售，比混销方式每500克增加0.1元左右的利润。如今，已有海天味业、达利食品、泸州老窖、山东禹王等10余家企业在九三分公司建立了专供原料基地。

大园围芽豆原料特供基地

多年来，九三分公司已建成国家现代优质大豆产业示范区，成为绿色有机大豆产业典范，先后被授予"中国原生大豆种植标准化示范区""中国非转基因大豆核心保护区""中国绿色大豆之都"等荣誉称号。

豆制品加工精深发展

九三分公司大豆深加工历史久远，闻名全国的九三粮油工业集团就是从这里走出的。早在1987年，九三管理局率先成立了九三油脂化工厂。1995年，工厂加工量首次超过设计的6万吨关口，大豆加工转化量已占当年大豆产量的40%。1997年，九三油脂化工厂进行股份制改造，成立黑龙江九三油脂有限责任公司（公司总股本7745万元，其中九三分局农工商总公司入股1280万元、核心企业九三油脂化工厂职工入股465万元、九三分局11个农场入股6000万元）。2000年，九三油脂集团利润首次突破1000万元；12月18日，在哈尔滨市注册成立公司，

笨榨大豆油生产线

开始了低成本扩张之路。2005年，公司总部搬至哈尔滨市。2007年，更名为九三粮油工业集团有限公司发展至今。现为北大荒农垦集团有限公司直属企业。2021年，九三粮油工业集团实现大豆加工能力1350万吨，营业收入473亿元，"九三"品牌价值达509.56亿元。

自九三粮油工业集团之后，九三分公司大豆加工产业从油脂加工逐步转型到大豆食品加工，以腐竹、笨榨豆油、休闲食品等为主，北大荒荣军豆制品加工有限公司、农垦豆都好食机蔬菜精深加工有限公司等豆制品加工企业逐步发展壮大。

2021—2022年，九三分公司积极推进大豆精深加工建设。公司新建大豆产业项目3个，分别为大豆分离蛋白加工项目、大豆拉丝蛋白及手撕素肉项目、豆仁加工项目。

大豆分离蛋白加工项目效果图

1.大豆分离蛋白加工项目

大豆分离蛋白加工项目是九三分公司立足自身产业定位和发展需要，贯彻国家大豆振兴计划和北大荒集团"三大一航母"（建设现代农业大基地、大企业、大产业，努力形成农业领域的航母）建设的具体举措。项目总投资1.2亿元，由九三分公司所属尖山农场、红五月农场以货币出资，北大荒绿源食品加工有限公司以原有净资产出资，共同组建新公司，由尖山农场、红五月农场联合控股，作为一致行动人实际控制该企业。

项目建设地点位于哈尔滨经济技术开发区哈平路集中区北大荒绿源食品加工有限公司厂区内，是对原生产车间进行改造的新增生产线工程。项目建设完成后年加工大豆原料2万吨，年产大豆分离蛋白0.5万吨；同时对副产品湿豆渣加以利用，年产膳食纤维0.3万吨。

大豆分离蛋白营养丰富，蛋白质含量在90%以上，不含胆固醇，是植物蛋白中为数不多的可替代动物蛋白的品种之一，是一种与人体的必需氨基酸组成比例最接近、更易于人体吸收的天然植物蛋白源，属于全价优质蛋白，没有动物蛋白的副作用。大豆膳食纤维具有明显的降低血浆胆固醇、调节胃肠功能及胰岛素水平等功能，是膳食纤维中的佼佼者。

2.大豆拉丝蛋白及手撕素肉项目

大豆拉丝蛋白俗称"素肉"，采用非转基因大豆制作，无胶拉丝，富含丰富的蛋白质，是素食一族补充蛋白质的必备佳品。其烹饪方式多种多样，咀嚼感强，非常适合用于各类高级仿肉素食食品的加工，是一种理想的高蛋白肉制品添加物。大豆拉丝蛋白及手撕素肉项目是与山东禹王集团合作建设的，一期投资1050万元，在原有黑龙江北大荒尖山食品有限公司厂房基础上改建的，改造车间面积为3217米^2，引进大豆拉丝蛋白生产线1条、手撕素肉生产线1条，年产大豆拉丝蛋白及手撕素肉1500吨。

3.豆仁加工项目

由九三分公司所属嫩江农场投资1000万元，购置豆仁加工生产线，改造生产车间，持续跟进与河北养元智汇饮品股份有限公司等大型企业的合作，扩大产品产能，为各类加工企业提供高品质豆仁产品。通过冷剥去皮技术生产出来的豆仁，大豆蛋

大豆仁加工生产线

白不发生改变，营养不流失，且没有豆腥味和淡苦味，制作豆浆、豆奶都比原豆的口感要好。项目年可加工豆仁8000~10 000吨，产值8000万元。

腐竹产业独占鳌头

近年来，在大豆原粮销售形势一片大好的情况下，九三分公司没有安于现状，讲求多力并发，把眼光瞄准到产业链延伸上，发展豆制品精深加工，走产业化发展道路，助力九三大豆品牌建设。九三分公司以建设中国最大的绿色腐竹加工企业为目标，强化资源资产整合，实现基地、人才、营销等全方位共享，推动大豆产业链、价值链、供应链"三链协同"发展，形成了具有加工集群化、科技集成化、营销品牌化，现代生产要素聚集、主导产业优势明显、

豆都好食机冻干腐竹产品

一二三产业融合发展的农业加工企业核心区，逐步将绿色腐竹产业做大做强。

九三垦区内现有腐竹加工企业11家，生产线120条，产能7200吨，其中九三分公司下属绿色腐竹生产企业3家，年可加工大豆9500吨，年产绿色优质黄腐竹、

荣军豆制品公司腐竹加工生产线

绿腐竹、黑腐竹、冻干腐竹等产品5000吨，九三分公司已成为黑龙江省规模
最大的腐竹加工基地。荣军豆制品公司是北大荒腐竹加工的龙头企业，拥有40
条国内一流的腐竹加工生产线，产品面向中高端市场，年产腐竹及各类豆制品
3000余吨，就地转化专品种九三大豆5000吨，是体现走精深加工之路、延伸
产业链成效突出的典型。坐落在嫩北农场工业园区的农垦豆都好食机蔬菜精深
加工有限公司，是全国唯一一家冻干腐竹生产企业，其冻干腐竹行业标准填补
了国家同行业空白。该公司采用先进的真空冷冻干燥技术生产的冻干腐竹，相
比传统的腐竹来说，只需要1分钟就可以完成泡发，且营养不流失。

　　通过加强与知名豆制品企业、大豆产业协会和科研院所的合作，九三分公
司大豆产业知名度和影响力显著提升。九三分公司统一了"九三大豆"农产品
地理标志和品牌形象，按照高端和大众化两个市场定位，豆制品日趋丰富、多
样化，建立了线上线下销售渠道，产品主要销往北京物美超市、黑龙江由米由
家、福建永辉超市、大润发超市等20多个省份的100余家连锁超市。

互联网行销方兴未艾

　　质量优先，为大豆产业带来丰硕成果。九三大豆凭借优良的产品品质助力
"豆都"品牌提升，从而构筑日趋完善的大豆营销体系。

近年来，九三分公司创建粮贸公司13个，全面推广应用"点对点、私人订制""北大荒－京东农场"种植基地等新商业模式，成功举办了8届中国北大荒大豆节和5届豆都文化节暨绿色食品展销会，极大地提升了中国绿色大豆之都、九三大豆品牌的知名度和影响力，更为各企业间搭建了合作平台。通过搭乘展销会及九三农产品旗舰店的快车，各企业成功将产品销售到北京、上海、广州、杭州等大城市。

九三分公司各企业通过电子商务中心，采取订单销售和"互联网＋线上线下"相结合的销售模式，以及原始设备制造商（OEM）委托加工方式，与上海长平食品有限公司、北京素养生活电子商务有限公司、北京八日鲜食品有限公司等企业合作，

电商直播

实现月线上订单销售金额在100万元以上。在传统电商中，重点以"荣军优良京东直营店"作为九三分公司核心店铺集中力量进行打造，丰富产品类目，加强运营管理。各农场也通过对自有淘宝、拼多多、微信商场等线上平台持续运营，开展线上销售。在新媒体电商中，重点打造了"九三原产地"抖音号，录制了"秋之景""秋之获""冬之韵"等系列视频，采取11场不间断联播，平台流量、粉丝数和认知度不断提升。

线下，各企业通过采取差异化营销策略，满足不同客户的需求，销售渠道不断拓宽，发展前景良好。在自营店渠道建设上，先后建成了荣军、七星泡、建边、哈拉海、红五月、尖山、嫩江、嫩北、山河等9个北大荒绿色智慧厨房直营店。建边农场先后在农场场直、九三局直、黑河市、嫩江市、齐

七星泡绿色智慧厨房

齐哈尔市、哈尔滨市开设"拙麦"品牌连锁加盟店及体验店8家，建边石磨面粉参加北大荒集团中央厨房项目。嫩北农场在九三局直、哈尔滨市开设了2家直营店，荣军农场在哈尔滨市开设了1家特产直营店。尖山农场在嫩江市以晨悦豆味为品牌，主设健康饮食、九三优品销售的主题早餐店。大西江农场在哈尔滨市开设了大西江农产品专营店。与辽宁省营口市老边区"网红小镇"开展深度合作，设立了北大荒农产品网销基地"大西江农场农产品展区"，并建立了库房及云仓。在销售渠道建设上，九三分公司通过建立订单购销关系，主要农产品销往黑龙江省内，以及辽宁、吉林、河北、内蒙古、江苏、福建、安徽、山东、河南、湖北、广东、广西、四川等省外地区。在特殊渠道开发上，积极参与北大荒幸福生活网建设，推荐红五月蘑菇酱、建边山野菜挂面、石磨面粉、大西江有机面粉、大西江豆浆豆等九三优特产品走进北大荒集团购销平台，提升北大荒产品影响力。

目前，九三分公司各企业已形成"基地＋龙头＋互联网＋市场营销"的全产业链经营模式，极大地增强了市场竞争力。2020年实现线上营业收入1380万元，2021年实现线上营业收入1500万元。

文旅融合全面发展

农业奇观，美在九三。九三分公司发挥大农业资源优势，致力于现代化大

鹤山农场仙鹤湖公园鸟瞰图

农业旅游的发展，塑造了中国美丽田园、幸福麦田、高粱观赏区、农业观光带等农业景观，实现了农业园区化、园区景区化、农旅一体化。九三分公司已拥有嫩江农场源明湖公园1家AAAA级旅游景区，山河农场平顶山景区、鹤山农场城乡一体化现代化大农业生态旅游风景区2家AAA级景区，七星泡农场七星湖旅游度假村、嫩北农场恬淡园旅游区、大西江农场现代农业观光旅游区等6家AA级景区，成功打造了独具特色的农文旅融合示范区和田园综合体，实现农业与美丽乡村、生态旅游、区域经济统筹发展。七星泡文化驿站、九三莱河小镇、尖山农业科技馆、哈拉海大湿地等一批特色景区相继建成，成为人们向往的旅游胜地。九三分公司举办的麦田文化节、蓝莓节、旅游节和"我为北大荒九三旅游代言"活动，促进田园采摘、休闲观光、研学体验等产业深度融合。

2020年6月，九三大豆品牌馆正式开馆，面积550米^2，从黑土流金、科技支撑、专豆专供、安全健康、产业经营、市场为王、合作共享、豆香天下、誉满天下等9个方面，通过景、物、声、光、影等形式对九三大豆品牌发展进行了全面的展现。九三大豆品牌馆现已成为九三分公司对内教育和对外展示的重要窗口、北大荒精神教育的重要基地，跻身黑龙江省关心下一代精神教育基地、嫩江市青少年研学基地，年均接待游客1万人以上。

2021年开始，九三分公司为推进农文商旅融合，重点打造"七彩农业"观光农业品牌，积极构建"农业＋文化＋旅游＋营销"产业新格局。促进以农

嫩江农场 AAAA 级景区——源明湖公园

"七彩农业"打卡地

兴旅、以文兴旅、以旅促商的全面协同和高质量发展。当年，仅"七彩农业"打卡地共接待农业农村部、北大荒集团、地方各级领导及参观团体13次400余人次，接待广东、四川、江苏、浙江、山东等省内外企业客商42次近500人次，累计接待本地周边地市、省内外各地游客及网友打卡5万余人次。

2021年9月3日，第七届北大荒大豆节暨九三绿色食品博览会在九三分公司开幕。大豆节以"中国北大荒·豆香赢天下"为主题，通过产品展销、现场参观、观光旅游、共享合作等，集中展示九三大豆在"安全、优质、绿色、生态"方面取得的新成果和新进展，进一步提升九三大豆的知名度和美誉度，提升大豆产业的影响力和竞争力。九三分公司在展会期间精心推出荣军北大荒腐竹、红五月双孢菇酱、大西江豆都豆油、建边古驿石磨面粉、哈拉海弱碱大米等热卖产品，并打造11条农文旅精品线路，在叫响九三农特产品品牌的同时，擦亮九三生态文化旅游的响亮名片。

品牌建设

多年来，九三分公司立足资源优势，围绕北大荒集团"三大一航母"战略，全力践行"中国粮食、中国饭碗"使命担当，加快从农业思维向系统产业思维转变、从区域思维向全国思维转变、从产品思维向品牌思维转变，牢固树立农业品牌意识，突出品牌塑造、品牌管理和品牌价值提升，九三大豆品牌价值2022年达到50.27亿元，成为中国大豆第一品牌，九三大豆成为闻名全国的"金豆子"。九三分公司正在一步一步地实现振兴民族大豆产业、打造九三大豆品牌的时代重任。

品牌发展历程

黑龙江的松嫩平原、三江平原是传统的大豆种植区，九三分公司处于小兴安岭向松嫩平原过渡地带。自1949年创建以来大豆一直是九三分公司的主要栽培作物之一，列居各作物种植面积之首。近年来，九三大豆种植面积一直稳定在200万亩以上，年产量超过40万吨，种植规模和技术水平始终位于全国县域前列。2013年4月18日，国家质量监督检验检疫总局批准对黑龙江大豆（九三垦区）实施地理标志产品保护。2017年4月20日，农业部批准对"九三大豆"实施农产品地理标志登记保护。2019年11月29日，"九三大豆"入列农业农村部地理标志农产品保护工程。

2006年12月，农垦九三分局被国家标准化管理委员会授予"高油高蛋白大豆种植国家农业标准化示范区"称号。2012年12月，被国家质量监督检验检疫总局授予"全国非转基因大豆加工产业品牌创建示范区"称号。2014年6月，被国家标准化管理委员会授予"中国原生大豆标准化种植国家农业标准化示范区"称号。

2010年1月，农垦九三管理局被中国绿色食品协会授予"中国绿色大豆之都"称号。2016年11月，被中国粮油学会授予"中国大豆油之乡"称号。2021年4月，中国食品工业协会豆制品专业委员会授予九三分公司"中国大豆食品专用原料生产基地"称号。

2017年8月，"九三大豆"被黑龙江省农业委员会评为"黑龙江省农产品地理标志十大区域品牌"；9月，入选第15届中国国际农产品交易会组委会发布

九三分公司领导代言九三优品

的"2017年中国百强农产品区域公用品牌"名单。2018年9月，"九三大豆"入选首届"中国农民丰收节"组织指导委员会发布的"100个农产品品牌"名单；同年12月，被《中国品牌》杂志社区域农业品牌研究中心评为"2018年中国区域农业品牌影响力排行榜"粮油类第二名。2019年1月，"九三大豆"被中国绿色农业联盟、中国绿色农业发展报告编委会、中国

绿色农业发展年会组委会评选为"2018全国绿色农业十大最具影响力地标

品牌";5月，被首届中国品牌农业神农论坛组委会授予"中国品牌农业神农奖";11月，被黑龙江品牌节组织委员会、黑龙江省品牌战略促进会、黑龙江品牌研究院评为"黑龙江省品牌价值评价信息发布"区域品牌（地理标志产品）前十强，位居第六。

九三分公司参加中国区域公用品牌高峰论坛

高标定位，树立国产大豆品牌标杆

2017年中央一号文件明确指出：推进区域农产品公用品牌建设，支持地方以优势企业和行业协会为依托打造区域特色品牌，引入现代要素改造提升传统名优品牌。2019年中央一号文件强调：健全特色农产品质量标准体系，强化农产品地理标志和商标保护，创响一批"土字号""乡字号"特色产品品牌。作为国家非转基因大豆核心保护区的九三分公司，多年以来稳扎稳打，持续推进中国绿色大豆之都建设，全力保障国家粮食安全，以九三大豆区域公用品牌建设实现大豆品牌溢出效应，推动九三垦区区域经济整体发展。

黑土流金，豆香天下

九三分公司在做强大豆产业上，立足国家现代化大农业示范区，牢固树立"北大荒'九三大豆'，执着黑土地的本色，坚守北大荒的担当，打造中国食品大豆第一品牌"的理念，坚持品质为先、诚信为本和服务至上，喊出了"黑土流金，豆香天下"的口号。

九三分公司紧紧抓住中国农业品牌发展壮大的黄金时期，在2021年制定了《"九三大豆"农产品区域公用品牌使用管理办法》，在Logo使用、管理机构、管理职责、准入标准、办理程序、使用规范、营销管理、推介宣传等方面进行了规范，从而规范品牌使用和管理，确保品牌资产保值增值。为提高品牌管理的效率和科学性，九三分公司成立由市场运营部、合规风控部、农业发展部、产业发展部、资产资源管理部等职能部门组成的九三大豆品牌管理委员会，并对"九三大豆"Logo进行了版权登记保护，提升了九三大豆品牌识别度。

主题活动，丰富品牌内涵

九三分公司立足自然资源禀赋和生产标准化优势，以"文化搭台、经济唱戏、百姓共享、合作共赢"为宗旨，从2010年至2022年成功举办了8届北大荒大豆节，突出以"豆"为媒，彰显北大荒保障国家粮食安全和食品安全的重任，以主题节会将文化交流、产品展销、经贸洽谈、投资兴业等功能融为一体，吸引了1500多家企业、7000名国内外客商来九三实地考察、洽谈合作、签订订单，进一步扩大了九三非转基因大豆的影响力，推动了"九三大豆"品牌走向全国。

第六届北大荒大豆节

2010年9月3日，由中国大豆产业协会、黑龙江省人民政府联合主办，由农业部、商务部共同支持，黑龙江省农垦总局具体承办的首届国际大豆产业博览会暨北大荒大豆节在黑龙江省农垦总局九三分局举行。全国人大常委会副委员长周铁农宣布博览会开幕，农业部副部长高鸿宾、黑龙江省人大常委会副主任申立国等领导出席。北大荒大豆节以"挺起民族产业脊梁、打造绿色大豆之都"为主题，以"加强国际交流与合作，提高我国大豆产业竞争力，促进地方经济与社会快速发展，实现农民增收和农业增效"为宗旨，来自中国、美国、俄罗斯、德国、韩国、日本等14个国家的296个企业参加，全国大豆产业的企业家、农技专家、合作社代表和各地客商1000余人到会，实现了全面展示黑龙江垦区绿色非转基因大豆基地建设和大豆产业化发展成果、宣传九三绿色大豆产业发展成就、扩大九三大豆产品在国内外的知名度、加速引进大豆产品精深加工龙头企业、不断拓展国内外市场的目的。

自2018年国家专门设立"中国农民丰收节"以来，九三分公司积极参与其中，连续开展5届"中国农民丰收节"系列活动，将"央视直播秋收画卷""收获整地现场会和动员会""庆丰收摄影比赛""农特产品展销会""庆丰收文艺汇演"等反映农业发展、区域特色和品牌文化等活动有机融入，"大豆摇铃""红粱穗浪"相得益彰，全面丰富地展现了"中国豆都、酒粮基地"在引领中国现代大农业发展中的使命担当。

九三分公司适时组织"振兴大豆产业·建设绿色豆都"发展论坛、九三大豆品牌故事征集、摄影大赛等系列活动，丰富九三大豆品牌内涵。在点赞"2022我喜爱的中国品牌"活动中，"九三大豆"以313 195次的点赞数，在2277个品牌中脱颖而出，位列全品类第五名、区域品牌（地理标志产品类）第三名，充分体现了九三分公司不断提升大豆品牌建设、助推企业高质量发展取得的成效。

2020年6月建成的九三大豆品牌馆，位于九三博物馆四楼，展览面积达550米²，

九三大豆品牌馆

从黑土流金、科技支撑、专豆专供、安全健康、产业经营、市场为王、合作共享、豆香天下、誉满天下等9个方面，通过景、物、声、光、影等多媒体形式，系统讲述九三大豆品牌成长、发展历程和品牌愿景，已成为各地客商到访九三分公司的热门打卡地。

创意行销，拓展品牌发展外延

近年来，九三分公司注重品牌建设，实施"走出去"战略，积极参加全国各类产品展销、推介活动，推广"九三大豆"品牌。通过参加中国·哈尔滨国际经济贸易洽谈会、黑龙江绿色食品产业博览会、中国国际农产品交易会、中国国际大豆食品加工技术及设备展览会、全国中高端粮农产品展洽会和全国稻米杂粮产业大会等专业展会，参加中国大豆产业国际高峰论坛、中国大豆食品产业峰会等行业论坛，加强九三分公司与大豆产业链上下游企业、组织之间的交流互通，为企业发展提供新思路、新方向，集中推介不同系列大豆专用产品，为九三大豆不断拓展销售市场。同时，积极与知名豆制品企业、大豆产业协会、科研院所开展联合、联盟、联营、联销活动，进一步提高九三大豆的知名度和影响力。

2019年9月3—4日，九三分公司与中国食品工业协会豆制品专业委员会共同主办的2019中国大豆食品专用原料研讨会暨大豆科研、种植、贸易及加工对接会在九三分公司召开。此次专项对接会来自国内的260位大豆制品科研人员、大豆食品生产企业人员、大豆种植业者、大豆贸易商、政府行业部门领导参加会议。中国食品工业协会豆制品专业委员会副会长兼秘书长吴月芳、国家大豆产业技术体系产业经济研究室成员杨树

2019中国大豆食品专用原料研讨会

果、国家大豆产业技术体系加工研究室主任于寒松、东北农业大学大豆育种院士工作站站长王绍东等领导、专家，围绕"促进我国食品大豆的品质提升，为消费升级服务"这一主题，以专题报告与现场讨论相结合的形式，就豆制品消费升级、大豆产业链相关政策、中美贸易摩擦下我国大豆供需形势、食品加工专用大豆新品种研发种植、素食潮流与新型大豆蛋白食品、大豆品种与豆奶加工等问题进行了剖析与探讨。此次大豆食品专用原料研讨会共吸引了232家企业参加，其中大豆食品生产企业代表约占总人数的45%，大豆种植及贸易商代表约占40%。经过对接洽谈，现场共达成合作意向12个，其中祖名豆制品股份有限公司、山东禹王生态食业有限公司、广州豆本营食品科技有限公司、佳木斯中益恒农产品有限公司、五大连池市新兴商贸有限公司、北大荒粮食集团有限公司、黑龙江良鑫农业发展有限公司、黑龙江省龙科种业集团有限公司、嫩江天合粮食贸易有限公司等18家企业，成功签约了食品大豆订购、大豆种子订购等9个项目，合同签约金额近4亿元。

2021年4月15—17日，九三分公司组织所属的11个农场参加了在江苏省昆山市举办的2021中国国际大豆食品加工技术及设备展览会暨第五届中国大豆食品节。九三分公司精选鹤山农场旗下"素福记"品牌的豆得系列产品、大西江农场的高蛋白豆浆豆、荣军农场的北大荒金钻和银钻腐竹、七星泡农场的笨榨大豆油、嫩北农场冻干腐竹等豆制品产品参展，全面展示了九三分公司向更高标准、更高质量的中国大豆食品专用原料基地迈进的新成效。中国食品工业协会豆制品专业委员会副会长兼秘书长吴月芳为九三分公司授予"中国大豆食品专用原料生产基地"和"'九三大豆'中国大豆知名品牌"的奖牌，同时为九三分公司宣传代言，进一步提升了九三大豆的知名度和美誉度。

参加江苏昆山第五届中国大豆食品节

"三品"加持，持续提升区域公用品牌影响力

在推进农业品牌建设中，九三分公司创造性地采用了"区域公用品牌＋企业品牌＋产品品牌"三品驱动的品牌组合模式——九三大豆区域公用品牌体现了九三垦区从事大豆种植企业及专业合作组织、科研机构、贸易商及精深加工企业组成的群体，企业品牌是从事大豆或豆制品生产与经营的范围、技术力量、企业公众形象等，产品品牌体现了大豆产品的用途、技术水平、质量好坏等。为集中资源夯实九三大豆区域品牌基础，九三分公司支持和鼓励区域内企业积极发挥企业品牌主体作用，加强产品品牌营销，通过授权使用将区域内大豆生产企业、深加工企业有效组织起来，规范使用者的生产经营行为，发挥九三大豆的产品规模和产区区域优势，提高企业经营力和产品竞争力。

九三大豆系列产品

作为中国非转基因大豆核心保护区，九三分公司以专品专供发展战略链接消费市场，结合现已开发的豆浆豆、腐竹豆、蛋白豆、芽豆、豆花豆五大类20余个品种大豆特色专品，将九三大豆区域公用品牌使用与订单农业经营模式结合起来，授权鹤山农场所属的黑龙江省鹤山粮油贸易有限公司、嫩江农场所属的黑龙江省九三农垦兴嫩粮食贸易有限公司、红五月农场所属的黑龙江省五月红粮贸有限责任公司等大豆经营企业，在包装物、标牌上规范使用"九三大豆"标识，为下游大豆加工企业选取国内最好的大豆原粮做好背书。

"九三大豆"作为区域公用品牌，以授权使用的方式准许黑龙江省九三农垦多金贸易有限公司、黑龙江省农垦豆都好食机蔬菜精深加工有限公司、黑龙江省五月红粮贸有限责任公司、黑龙江北大荒荣军豆制品加工有限公司等大豆加工企业使用"九三大豆"Logo标识，以九三大豆背书企业的"垦区大西江""好食机""五月红""荣军第一犁"等产品品牌，助力其产品销售和市场拓展。

多维度传播，助力品牌成长

近几年，九三分公司在大豆生产上，通过严格执行产地环境条件标准、绿色食品生产标准、投入品使用标准，实现专品种种植、专品种收获、专品种贮藏，形成了种植规模化、生产标准化、品种专用化、发展产业化、产业品牌化、经营市场化。九三大豆的知名度、美誉度不断提升，吸引了人民日报、中央电视台、黑龙江卫视、新华网、农民日报等各大媒体争相报道。

2018年9月27日，黑龙江卫视《新闻联播》用时近8分钟，报道九三管理局大豆丰收及产业发展状况；2018年10月1日，中央电视台新闻频道大型直播栏目《秋收画卷》，以"农垦九三管理局鹤山农场：优化土质地生金，绿色种植豆升

黑龙江日报："九三"优质非转基因大豆食品节上抢镜

值"为主题，直播九三大豆丰收的壮美场面。2019年5月18日，中央电视台军事·农业频道《聚焦三农》栏目播出《今年的大豆怎么种》，全景展现九三分公司大豆主产区的种植情况。2019年9月19日，中央电视台纪录频道播出国内首部植物类纪录片《影响世界的中国植物》第七集《大豆》，片中专门表现了九三大豆的播种情况。2021年5月19日，中央电视台农业农村频道《中国三农报道》栏目以《黑龙江：节本增效，引导大豆产业平稳发展》为题报道了九三分公司大豆产业发展情况；7月1日，为庆祝中国共产党成立100周年，黑龙江广播电视台推出24小时全媒体直播《日出东方》栏目，航拍大西江农场、荣军农场，全方位、大角度地展示了九三大豆郁郁葱葱、一望无垠的成长景象。2022年10月5日，黑龙江广播电视台《新闻联播》头题播出《国庆迎丰收，龙江千里金》，重点报道了九三分公司不断加快数字农业建设、最大限度发挥科技优势、实现大豆提质增产的崭新风貌。

九三垦区创建伊始，便吸引了国内各大新闻报刊的关注。1952年8月20日，《人民日报》发表《一个由荣誉军人建造起来的机械化农场——黑龙江省

农产品市场周刊：九三大豆品牌叫响大江南北

伊拉哈荣军农场》。1952年，《人民画报》11月号刊发封面报道《大豆丰收——东北北部平原上的九三农场》。1953年4月1日，《人民日报》发表关于九三荣军农场的通讯《改善农场经营管理的开端》。

2019年5月6日，《农民日报》头版"壮丽70年·奋斗新时代"专栏刊发通讯《九三管理局：与共和国一同成长》，讲述九三人在荒原上创造国家重要商品粮基地、成为"中国旱作农业排头兵""中国绿色大豆之都"的光辉历程。2020年10月1日，光明网以《北大荒全力备战秋收，确保颗粒归仓》、东北网以《壮哉！豆都秋收图》，集中宣传九三分公司抢收大豆的宏大场面。2020年10月20日人民网以《北大荒集团九三分公司实现粮食作物总产24.64亿斤，同比增长10.2%》；10月22日东北网以《北大荒集团九三分公司24.64亿斤颗粒归仓》，连续宣传报道九三粮食收获的成就。2021年5月12日，新华网以《九三大豆品牌价值逐年提高，品牌影响力日益提升》为题，对九三大豆品牌建设进行报道。2021年9月26日，中国农网以《九三分公司220.3万亩大豆开镰收获，专用大豆以销定产与企业对接顺畅》为题，集中报道九三分公司在打造中国大豆食品专用原料生产基地上的做法。2021年9月27日，人民日报社《民生周刊》刊发九三分公司党委书记陈玉林文章《扛起旱作农业一面旗帜》，全面介绍九三分公司发展现代农业、打造大豆品牌的典型经验。2022年6月13日，《农民日报》刊发《北大荒集团九三分公司加强地理标志农产品保护——做大做强"九三大豆"品牌》，介绍九三分公司以向科技创新要品质、向订单服务要价值、向产业延伸要效益为行动点，进一步夯实九三大豆品牌根基的发展成就。2022年9月29日，九三分公司党委副书记、总经理张宏雷接受新华网访谈，以《北大荒九三分公司深耕大豆产业成效斐然》为题，全面介绍了九三分公司持续深耕大豆产业、推动九三大豆品牌升级的经验做法和发展成就。

中国农网：北大荒九三分公司大豆开镰

　　九三大豆执着于黑土本色、坚守北大荒担当、致力于中国大豆产业振兴的发展成就，受到国内及黑龙江省级主流新闻媒体广泛关注和报道。据不完全统计，自2017年以来，中央电视台综合、新闻、军事·农业、纪录、农业农村频道先后十几次予以报道，黑龙江广播电视台先后30余次进行报道。自2018年6月21日"中国农民丰收节"设立以来，九三大豆丰收场景连续在中央电视台和黑龙江广播电视台庆丰收专题报道中呈现，新华社、人民日报、光明日报、农民日报、中国日报、中国新闻网、光明网、东北网等媒体刊发报道达300篇以上。多媒体、多维度、多角度的宣传报道，让国人看到了中国大豆产业发展的未来，绿色、优质、安全的品质让广大消费者放心享用、无忧消费，九三大豆成为挺起国产大豆产业脊梁、推进现代农业绿色发展的"金豆子"。

　　随着品牌建设的不断深入，九三大豆赢得了社会各界的认同和赞誉，其品牌价值也水涨船高、实至名归。2019年5月，中国品牌建设促进会发布2019中国品牌价值评价信息名单，九三大豆品牌价值22.91亿元；11月，中国农产品市场协会发布中国农业品牌目录2019农产品区域公用品牌（第一批）价值评估榜单，九三大豆品牌价值25.8亿元。2021年5月，在新华社、中国品牌建设促进会、中国资产评估协会、国务院国资委新闻中心等单位联合主办的2021中国品牌价值评价信息发布暨中国品牌建设高峰论坛上，九三大豆品牌价值实现新飞跃，达到34.65亿元。2022年9月，中国品牌建设促进会、中国

九三大豆

九三大豆品牌价值达 50.27 亿元

资产评估协会、新华社民族品牌工程办公室等单位联合发布"2022中国品牌价值评价信息",九三大豆品牌价值跃升至50.27亿元,荣登中国区域品牌(地理标志)排行榜第73位。九三大豆已经成为中国大豆第一品牌,成为北大荒众多农产品中的一张靓丽"黄金名片"。

CHAPTER

9

 知名企业

　　九三分公司现辖11个国有农场、13家粮食贸易企业、21家大豆深加工企业，其中有黑龙江省最大的腐竹生产企业——黑龙江北大荒荣军豆制品加工有限公司、全国唯一一家冻干腐竹加工企业——黑龙江省农垦豆都好食机蔬菜精深加工有限公司，基本建立起围绕九三大豆产、加、销完备的产业链，年产九三大豆50万吨，总加工能力达10万吨，年产腐竹、豆干、笨榨豆油等各类豆制品3万吨。

国有农场

　　1949年4月，齐齐哈尔市荣军学校政治部主任郝光浓挑选自愿参加、思想进步的26名荣誉军人，前往镇赉县东屏区试办荣军农场，自此开启了九三国营农场群的开发建设。经过70多年三代北大荒人的艰苦奋斗、无私奉献，如今11个现代化农场城和11个以规模化、集约化、科技化农业生产种植为主的国有农场卓立在松嫩平原九三垦区，肩负着维护国家粮食安全的重任和使命，示范引领着中国旱作农业的发展。

1.北大荒集团黑龙江鹤山农场有限公司

鹤山农场始建于1949年3月，位于黑龙江省西北部松嫩平原、嫩江市境内。辖区总面积569.56千米²，现有耕地50.955万亩、林地16.038万亩、草原9.8295万亩、水面0.4545万亩。2021年，农场下辖10个管理区、25个场直企事业单位，总人口2.1万人，是一个集种养加、农工贸于一体，多种经济形式并举的中型现代化国有企业。现代农机力量雄厚，全场农机总动力5.2万千瓦，现有大型农业整地和收获机械147台、大型喷药机16台、配套农具1670台（套），农业综合机械化率达99.8%。农场建有10.6万米²的现代农机管理服务中心，实现了信息技术在农业上的推广应用；建成了13个全程可追溯、质量可监控的"互联网+"绿色、有机示范基地，健全"生产有记录、产品质量有检验、产品销售有标识、质量安全有追溯"的农产品质量安全体系。

鹤山农场鹤湖小区

鹤山农场以农业供给侧结构性改革为主线，按照"稳玉、增豆、扩经饲"的原则，全面调优种植业结构，优化区域布局和作物品种结构。2021年，全场完成总播种面积50.9587万亩，其中大豆27.8218万亩，大豆总产量为6.1443万吨。

鹤山农场先后荣获"国家生态示范区""现代化大农业生态示范区""中国美丽乡村""黑龙江省级生态乡镇""省级文明单位标兵"等荣誉称号，现代化大农业生态旅游景区被评为黑龙江省级乡村旅游示范点。

2.北大荒集团黑龙江大西江农场有限公司

大西江农场始建于1956年2月，位于黑龙江省西部边境中段、嫩江市境内。南与讷河市接壤，东邻鹤山农场，西邻嫩江，北距嫩江市政府驻地40千米，东距九三分公司驻地30千米。

大西江农场场部

2021年，大西江农场辖区总面积379千米²，其中耕地30.64万亩、林地14.22万亩、草原8.24万亩、水面1.09万亩，总人口11 601人。农场下辖6个管理区，主要农产品有大豆、玉米、高粱等，大豆种植面积超过20万亩，年产粮豆10万吨以上。农场拥有大马力拖拉机械38台、进口播种机32台，全部配套GPS/BDS，进口洒药机6台，其他配套农机具490台（套），农业机械总动力2.7万千瓦，农业机械化率98%。农场拥有总量20.4万米²的晒场、面积1.9万米²的库房、9座烘干塔，日处理能力3900吨，可满足全场粮食处理与储存的需要。

大西江农场先后被农业部和环境保护部授予"全国农垦现代农业示范区""保护性耕作和测土配方施肥示范场""全国农业标准化示范县（农场）""国家级生态乡镇"等荣誉称号；被黑龙江省委、省政府授予"省级文明乡镇""省级平安农场"等荣誉称号。

3.北大荒集团黑龙江尖山农场有限公司

尖山农场远眺

尖山农场始建于1949年3月，农场自然资源、土地资源、农机资源丰富，是全国农业标准化示范农场、黑龙江垦区非转基因大豆核心保护区和现代化大农业示范区。2021年，农场下辖7个农业管理区和4个二级企业，总户数5908户，总人口12 953人；辖区总面积400千米²，其中耕地35.1万亩、林地6.2万亩、草原6万亩，主要种植大豆、玉米、矮高粱、马铃薯等作物。

农场现有进口轮式大马力拖拉机100台，全部为配有GPS/BDS的机车，300马力以上的进口大型自走式收获机37台，配备各种配套农具650余台(套)，运输拖拉机94台，综合机械化程度达99.7%。拥有黑龙江省内较大农用飞机航化站1处及现代化农业科技馆1座。在生产管理上，农场经过多年实践探索，已经形成了一套以土地承包合同制为基础的"统一农艺措施和标准"的农业生产管理机制，生产集约化程度高。2021年，农场种植大豆19.46万亩，总产量38 659.39吨；玉米13.02万亩，总产量87 837.4吨；矮高粱1.4万亩，总产量7006.75吨；马铃薯0.97万亩，总产量3622.4吨；其他作物0.82万亩，总产量24 538.41吨。

4.北大荒集团黑龙江荣军农场有限公司

荣军农场位于黑龙江省西北部讷河市、嫩江市的交界处，行政隶属嫩江市。农场始建于1949年12月，是由荣誉军人开发建设而成。2021年，农场辖区总面积210.8千米²，其中耕地23.6万亩、草原2.301万亩、沙棘林0.8万亩；农场下辖4个管理区、6家二级公司，总人口8896人，其中职工2223人。

荣军农场七彩农业

农场农业机械总动力2.8万千瓦，拥有世界领先的约翰迪尔、凯斯、克拉斯等机械900余台（套），农业机械化率达到98%以上。农场积极发展绿色有机农业，落实"三减"示范面积10万亩；做好"三品一标"认证，全场有机食品认证面积11.7万亩；每年粮食总产量在8万吨左右，是国家重要的商品粮生产基地。借助九三大豆中国百强农产品品牌优势，投资4000万元建设的黑龙江北大荒荣军豆制品加工有限公司已经落地投产，年转化大豆5000吨，生产腐竹及豆制品3000余吨，拉动就业100余人。

农场先后获得"黑龙江省级平安农场""省级精神文明创建先进集体"等荣誉称号。

5.北大荒集团黑龙江红五月农场有限公司

红五月农场始建于1956年5月，地处小兴安岭西南麓的南阳河畔，位于讷河市境内，西接嫩江市，东邻五大连池市。2021年，农场辖区总面积313千米²，其中耕地23.7万亩、林地9.4万亩、水面0.57万亩；农场下辖5个管理区，从业人员2307人；农机总动力2.7万千瓦，拥有大型农机具520台

（套），烘干塔10座，硬化晒场面积12万米²。

红五月农场是国家重要商品粮生产基地，主要种植大豆、玉米、高粱等农作物，年生产粮豆7.3万余吨，商品率达99%。农场致力于食品大豆专品种种植，高油、高蛋白等专品种大豆分区种植，

红五月农场新貌

专品种收储。农场认证绿色食品面积16.7万亩、有机农产品基地面积3万亩，获准大小额贸易进出口权，产品可直接销往国际市场。

6.北大荒集团黑龙江七星泡农场有限公司

七星泡农场始建于1955年9月，地处小兴安岭西麓，位于五大连池、讷河、嫩江三市交会处，南临五大连池风景名胜区，前嫩公路贯穿场境。2021年，农场辖区总面积791.63千米²，其中耕地48.5万亩、林地20.7万亩、草原12.8万亩，总人口

七星泡农场鸟瞰图

1.5万人。

七星泡农场土壤肥沃，适宜大豆、小麦、玉米、杂粮、马铃薯等作物生长。农场以生产绿色产品而久享盛誉，绿色食品认证面积41.22万亩，认证总产量14.5万吨。农场每年可生产优质高油大豆、玉米和杂豆等13.2万吨，是农业部确定的玉米、大豆高产创建示范场。七星泡农场大豆以其品种优、品质好的特点与多家种业公司取得了长期合作。农场机械作业力量雄厚，配套农业机械总动力6.2万千瓦，拥有机车及配套农具1000余台（套），机械化作业程度和科学管理水平处于全国领先地位。

七星泡农场先后被授予"黑龙江省级生态示范区""省级文化先进场""黑龙江省环境优美乡镇""省级文明单位""全国模范职工之家""国家级生态示范区""全国绿化模范单位"等荣誉称号。

7.北大荒集团黑龙江嫩江农场有限公司

嫩江农场始建于1955年6月，地处松嫩平原、小兴安岭西南麓，西距嫩江市政府驻地38千米，南距九三分公司驻地57千米，前嫩公路横跨农场，并有嫩江站铁路专用线一条。2021年，农场辖区总面积489千米²，拥有耕地45.16万亩、林地9万亩、草原14.4万亩、水面0.615万亩，是黑龙江垦区西部以旱作农业为主、各业协调发展的中型现代农业企业。农场先后获得"国家生态示范区""全国绿化先进单位""全国农垦现代化农业示范区""国家级农林水利系统劳动关系和谐企业""黑龙江省级农业先进场""省级文化先进场""省级生态乡镇""省级卫生城镇""省级平安农场"等荣誉称号。2017年顺利通过国家AAAA级旅游景区验收。

2021年，嫩江农场下设9个管理区，总人口1.3万人，其中职工3214人；拥有动力机车及收获机285台，总动力3.2万千瓦；拥有绿色食品认证面积34.04万亩，盛产大豆、高粱、玉米、马铃薯

嫩江农场新貌

等作物，被确定为全国无公害农产品示范基地。2021年，粮食作物播种面积44万亩，粮食总产量16.34万吨，同比增长6.2%。其中，大豆面积27.7万亩，总产量5.5万吨；玉米面积12.9万亩，总产量9.2万吨；高粱面积2.3万亩，总产量1.2万吨；马铃薯面积1万亩，总产量0.4万吨。

8.北大荒集团黑龙江山河农场有限公司

山河农场始建于1955年冬，位于嫩江市境东部，场部距嫩江市政府驻地40千米。农场辖区总面积754千米²，其中耕地37.2万亩。农场绿色食品认证面积30.3万亩，有机农产品认证面积7.6万亩。农机总动力6万千瓦，大型农机具726台（套），农用飞机场1处。晒场面积32万米²，晒面28万米²，仓储库容12万吨，烘干塔10座，现代化牧场1个。粮食产量持续增长，近几年总产量均超过11万吨。

山河农场新气象

山河农场种植作物以大豆、玉米、小麦、鲜食玉米、杂粮等为主，尤以种植、加工非转基因大豆而闻名。大豆年种植面积20余万亩，年产大豆近5万吨。农场种植大豆的种类有黄大豆、黑大豆、双青豆等，品种有高蛋白、高油及高油高蛋白的双高特性，适合加工豆油、豆粕、豆浆、腐竹、豆腐、豆粉、大酱等。农场致力于大豆食品原料专用化发展道路，大豆全面积实现了专品种种植、专品种收获、专品种贮藏、专品种销售。现有九三分公司建设最早的腐竹加工厂——黑龙江省九三农垦金露豆制品加工有限责任公司，年可生产腐竹、豆皮600吨；拥有北大荒集团最大的鲜食玉米加工厂——黑龙江省九三农垦鑫晟食品有限责任公司，年可加工甜玉米1万吨，加工糯玉米棒1000万棒。

山河农场是一个集种养加、农工贸于一体，多种经济形式并举的中型现代化国有企业，先后荣获"全国农机管理先进单位""国家级生态乡镇""黑龙江省文明单位标兵"等荣誉称号。

9.北大荒集团黑龙江嫩北农场有限公司

嫩北农场地处小兴安岭南麓向松嫩平原过渡带，位于嫩江市政府驻地东北50千米处，始建于1955年9月。2021年年末户籍人口12 849人，农场辖区总面积422千米²，其中耕地40.3万亩、林地10.6万亩、牧草地7.4万亩、水面2万亩，农作物播种面积39.4万亩，实现粮豆总产量122 584.25吨，农业机械总动力74 005千瓦，各类农机具3066台（套）。

嫩北农场种植作物以大豆、玉米、小麦和杂粮、苜蓿、中草药等高效经济作物为主，尤以种植、加工非转基因大豆而闻名，大豆交易可辐射周边半径150千米以内，大豆产业延伸前景极为可嘉。农场有机种植认证面积11.3万亩，其中有机认证作物有大豆、双青豆、黑大

嫩北农场鸟瞰图

豆、玉米、甜玉米、黏玉米、红菇娘；欧盟有机认证大豆255亩。拥有全国唯一一家生产冻干腐竹的企业——黑龙江省农垦豆都好食机蔬菜精深加工有限公司，现已申请了用于冻干腐竹生产的15项国家实用新型专利，并申请为2022年国家级科技型中小企业。嫩北农场鑫润公司玉米精加工厂二期于2021年6月建成投产，现拥有2套现代化的玉米制碴制粉设备，主要开发产品有玉米大碴、玉米小碴123号及黄玉米面、白玉米面等7种产品。

2021年，农业农村部授予嫩北农场"率先基本实现主要农作物生产全程机械化示范县"称号。

10.北大荒集团黑龙江建边农场有限公司

建边农场始建于1969年4月，场名即取自"建设边疆"之意。农场地处九三垦区北部，南距嫩江市政府驻地118千米，隔嫩江与内蒙古相望。农场辖区总面积798千米²，其中耕地26.18万亩、林地7.74万亩、草原280亩、水面18亩，总户数3205户，总人口6338人。

建边农场下设6个管理区，拥有绿色食品认证面积24.6万亩，有机农产品认证面积2.1万亩，主要种植小麦、玉米、大豆等作物，农业机械总动力3.54万千瓦，各类农机具1100余台（套），满足农场及周边乡镇、村的农业作业需求。2021年，实现企业增加值30 754.9万元，粮豆总产量7.05万吨，人均纯收入30 166元。

建边农场幸福麦田

建边农场先后被农业部授予"小麦高产示范项目建设先进单位""全国农垦农机标准化示范农场AAA级"等荣誉称号。

11. 北大荒集团黑龙江哈拉海农场有限公司

哈拉海农场位于齐齐哈尔市北郊，南与梅里斯达斡尔族区相依，北与甘南县接壤，西与龙江县毗邻，距齐齐哈尔市区、甘南县、龙江县均为40千米。

哈拉海农场辖区总面积294.73千米²，现有土地面积44.2万亩，其中耕地16.9万亩、草原17.47万亩、林地21 750亩、沼泽地25 383.75亩、河流水面96.75亩、坑塘水面184.05亩，总人口5168人，在职职工871人。

农业现代化水平较高。农场总播种面积16.9万亩，其中水稻14.78万亩，持续推进"三品一标"认证，完成有机水稻认证面积10.86万亩，"梅里斯哈拉海大米"2021年6月4日获得农业农村部农产品地理标志登记保护。

哈拉海农场稻田

生态环境得天独厚。境内有黑龙江省级哈拉海湿地自然保护区，总面积24.356

万亩，其中有3万亩主水面。湿地保护区内芦苇丛生，鱼肥鸟众，湖泊纵横。湿地保护区内有高等植物81科233属431种，其中苔藓植物12科14属19种、蕨类植物3科3属4种、种子植物66科216属408种，国家二级重点保护植物3种；脊椎动物5纲30目67科162属289种，其中国家Ⅰ级重点保护野生动物5种、国家Ⅱ级重点保护野生动物24种、黑龙江省地方重点保护野生动物37种。

粮食贸易企业

九三分公司所属的11个农场都建立了粮贸公司，粮贸公司从组建初期的服务种植户销售、托市稳价作用，逐渐发展为连接种植基地与外部市场的桥梁纽带、增强农场企业经营活力的引擎、增加农场企业经营利润的抓手。粮贸公司积极跑市场、找渠道、定订单，实现了内部种植户订单与外部市场订单相结合，有力地推进九三垦区一二三产业融合发展。

1.黑龙江省鹤山粮油贸易有限公司

黑龙江省鹤山粮油贸易有限公司成立于1993年7月，隶属于北大荒集团黑龙江鹤山农场有限公司，注册资本146万元，占地面积5.6万米²，主要经营项目是粮食仓储、清选、烘干、加工等。截至2021年6月末，公司总仓容7.5万吨，晒场面积3.2万米²，仓库面积1.5万米²。公司有烘干塔14座，日烘干能力6000吨；有大豆螺旋塔、清粮机、汽车衡、流量秤、提升机、水分测定仪、通风设备、分级筛等粮食保管、运输、计量设备100多台（套）；有玉米、大豆、高粱、小麦等有机食品认证面积14.8万亩。2020年公司投资300万元建设大豆精选色选加工设备1套，年加工处理

黑龙江省鹤山粮油贸易有限公司

大豆3万吨，可加工生产多种规格的大豆，大大地提高了产品附加值。2021年公司又投资500万元建设了一条玉米加工生产线，可生产7种规格的玉米粉、玉米糁，产品直接供应达利食品集团，年处理玉米原粮2万多吨。公司不断地更新设备，提高产量，增加经营品种，努力提高产品品质和质量。公司与达利食品集团、泸州老窖酒业、老村长酒业、黑龙江良鑫农业、苏州金记食品、北大荒粮食集团等公司建立了良好的合作关系，坚持为广大客户提供更多优质的玉米、大豆、高粱等农产品，保证消费者买得放心、用着舒心。

2.黑龙江省九三农垦西江贸易有限公司

黑龙江省九三农垦西江贸易有限公司成立于2015年10月，隶属于北大荒集团黑龙江大西江农场有限公司，占地总面积7.42万米²，注册资本100万元，经营范围主要是粮食收购、销售、烘干、仓储等。公司总投资4236万元，其中国家拨款562万元、自筹3674万元，新建钢结构平房仓2幢（库房一建筑面积5820米²、库房二建筑面积4466米²），分4个单仓，总仓容5万吨。另建有锅炉房1幢、建筑面积639.12米²，拥有2台烘干塔机器设备、日烘干能力1000吨，建筑面积425米²办公平房1幢、建筑面积300米²钢结构库房1幢、建筑面积100.47米²秤房1幢，化验设备及其他附属设施配套齐全，其他粮食机械设备有清选机6套、输送机60台（套）。为了更好地开展科学保粮工作，公司还配备了通风机8台、电子测温系统3套、大豆蛋白检测仪1台、

黑龙江省九三农垦西江贸易有限公司

大豆色选设备1套，所有设备完好率达100%。公司通过与大连盛方有机食品有限公司、赤峰市赤鑫豆制品有限责任公司等客商合作，把农场有机大豆做强做优，使农场经济总量得到扩张，经济效益不断增长。

3. 黑龙江省九三农垦尖山粮贸有限公司

黑龙江省九三农垦尖山粮贸有限公司成立于2016年6月，为北大荒集团黑龙江尖山农场有限公司所属二级企业。公司总投资3060万元，现有日处理潮粮1000吨烘干塔2座、日精选大豆100吨精选塔1座、水泥晒面3.7万米²、仓容3万吨库房2个及其他相关配套设备20台（套）。公司集粮食收购、烘干、精选、包装、仓储、销售一条龙服务。

2020年公司成立营销中心，新增3家淘宝店铺，分别为尖山农场农产品店、九三特产精选店和北大荒绿色天然农产品店，同时通过抖音号、微信号线上直播带货，主要经营九三大豆和"吐莫噶珊"鲜食玉米，线上年销售额达60万元以上。

黑龙江省九三农垦尖山粮贸有限公司

4. 黑龙江省九三农垦兴嫩粮食贸易有限公司

黑龙江省九三农垦兴嫩粮食贸易有限公司，隶属于北大荒集团黑龙江嫩江农场有限公司，是一家集粮食收购、销售、精加工于一体的粮食贸易公司，注册资本500万元，成立于2017年3月。公司现有烘干能力500吨的玉米烘干塔2座、500米²办公楼1座；地秤房、化验室及门卫室于一体办公用房1座，建筑面积170余米²，检验设备齐全；粮食自动化收购系统1套，包括自动扦样器、清粮机械等。嫩江货场7000余米²，有自己的铁路专用线。2019年，公司投入200余万

黑龙江省九三农垦兴嫩粮食贸易有限公司

元建立了大豆精选加工厂1座，包含清粮机、比重选、塔选、大豆分级筛、色选机、磁选机构、抛光机、定量包装秤等一整套流水线。2021年，全年共分级销售大豆3623吨，实现营业收入2151万元。

2021年，公司建设现代化豆仁生产加工车间，占地面积达3.1万米²，厂房面积接近1000米²。已完成261.5万元的加工设备采购和安装工作，并与河北养元智汇饮品股份有限公司达成了合作意向，于2022年5月投入生产。

5.黑龙江省九三农垦佳润粮贸有限公司

黑龙江省九三农垦佳润粮贸有限公司成立于2017年5月，隶属于北大荒集团黑龙江山河农场有限公司，是一家集粮食收购、销售、烘干、仓储，以及谷物、豆类、薯类批发零售等于一体的综合性粮食企业。公司注册资本2000万元，现有工作人员7名，主要负责山河农场全场的粮食、晒场、粮食处理中心、玉米烘干塔的行业管理和业务指导工作。

公司所属的粮食处理中心占地面积4.26万米²，拥有水泥晒面2.5万米²，有彩钢库房1.66万米²、库容约8万吨，日处理能力1000吨

黑龙江省九三农垦佳润粮贸有限公司

的玉米烘干塔1座，各种粮食精选设备齐全，拥有清粮机、比重机、成套色选设备、大豆螺旋塔及其附属设施。公司成立后逐年新增先进的粮食整理机械设备，从而增强公司粮食品质，以满足不同客户的需求。2021年，公司实现营业收入2.87亿元。

6.黑龙江省九三农垦鑫润经贸有限公司

黑龙江省九三农垦鑫润经贸有限公司成立于2012年3月，隶属于北大荒集团黑龙江嫩北农场有限公司，是一家专注于粮食收购、加工、烘干、仓储、物流、销售等服务于一体的专业粮食购销企业，主要经营大豆、玉米、高粱等

作物，注册资本9943万元。现拥有仓储能力18万吨、清粮设备8台（套）、输送设备90余台（套），拥有烘干设备5座，日处理能力2300吨，可针对大豆及玉米进行清选烘干、入库存储等业务。近三年，公司大豆经营量10万吨、玉米经营量14万吨；2021年，完成大豆专项成品油供应任务104吨。

黑龙江省九三农垦鑫润经贸有限公司

为填补市场空白，迎合市场需求，做大、做强企业项目，公司累计投资536万元，先后建设了一、二期玉米深加工项目。深加工厂采用非转基因玉米作为生产原料，日加工量可达90吨，实现过腹增值，把小碴子做出大文章。公司先后获得"3.15诚信经营示范单位""黑龙江省质量信用认证AAAAA级企业"等荣誉称号，获得有机食品认证及绿色食品证书，并已完成"安全生产三级标准化"和"双重预防机制"建设。

7. 黑龙江省豆脉粮贸有限公司

黑龙江省豆脉粮贸有限公司成立于2020年5月，隶属于北大荒集团黑龙江建边农场有限公司，是一家集农作物种植，粮食收购、销售、烘干、仓储、装卸，粮油及农副产品经销，粮食初加工、精选，农业信息咨询及技术服务，普通道路货物运输等于一体的新型多元化发展的粮贸企业。公司主要经营大豆、玉米、小麦、高粱、芸豆等粮食，位于建边农场场直最东侧。公司注册资本500万元，现有员工8人，拥有各类大型生产设备14台（套），其中

黑龙江省豆脉粮贸有限公司

大豆精选塔1座、带式精选机1台，现有水泥晒面1万米²，拥有高标准粮食仓储库房4000米²，仓储能力可达2万吨。

公司致力于网络营销、产业化营销、订单营销等六大营销战略，已与好味特（大连）食品有限公司、一辈子（广东）健康产业有限公司、黑龙江绿丰生态面业有限公司、大庆市悦意生态农业科技有限公司等多家企业建立良好合作关系，主营有机小麦、有机大豆、有机芸豆及各种杂粮等业务。2021年，公司实现营业收入2.47亿元。

8.黑龙江省九三物流有限公司

黑龙江省九三物流有限公司成立于2011年6月，是隶属于北大荒农垦集团有限公司九三分公司的国有企业，位于富嫩线铁路九三站的九三经济开发区，紧邻嫩泰高速公路和111国道（北京—漠河），交通便利。公司注册资本15 397万元，固定资产总额2.64亿元，占地面积20.13万米²。公司现有人员25人，经营范围全面，包括货运站（场）经营、铁路运输、粮食收购、仓储、仓库场地租赁等。

公司自有铁路专用线8.423千米，在九三站与富

黑龙江省九三物流有限公司

嫩线接轨，专用站台1050延长米，并列三条线双站台，可同时停放3个专列155个车皮。专用线站台为全封闭穹顶罩棚，可全天候装卸作业。公司拥有烘干塔2座，日烘干能力1000吨；冷库1座，年可加工存储速冻玉米400万穗；仓储库11栋（均为钢板仓），呈南北方向排列于铁路专用线两侧，总仓储面积4.1万米²，设计仓储能力12万吨；建有120吨汽车衡2座，办公区域具备商品展示和粮食线上拍卖专用功能大厅；粮食化验室2个，总面积180米²，具备专业检化验人员和成套检化验设备，完全可以满足区域内粮食的检化验需求。

大豆深加工企业

大豆种植业的高速发展，为区域内提供了大量优质、绿色、高效的食品加工原料，各类农产品加工企业不断涌现，代表着九三分公司大豆全产业链发展的高度，展现着九三大豆产业的勃勃生机。

1.黑龙江北大荒荣军豆制品加工有限公司

黑龙江北大荒荣军豆制品加工有限公司成立于2018年8月，位于九三经济开发区，是北大荒集团黑龙江荣军农场有限公司的全资子公司。总投资4000万元，厂区占地面积1.6万米²。其中，生产车间4434米²，原料车间、包装车间、成品车间等附属设施6231米²。公司围绕九三分公司打造"绿色有机腐竹之都"目标，致力于用中国最好的九三大豆，生产最优质的腐竹。

黑龙江北大荒荣军豆制品加工有限公司

企业拥有国内一流腐竹加工生产线40条，产品面向中高端市场，主打黄腐竹、绿腐竹、黑腐竹，辅以豆皮、鲜腐竹。产品通过有机食品认证，形成了三大类12个品种产品。通过线上线下，产品主要销往物美超市、由米由家、永辉超市、大润发超市等100余家连锁超市。企业全部达产后，年可就地转化专品种九三大豆5000吨，年产腐竹及各类豆制品3000吨，实现年产值7200万元，利润860余万元，拉动就业120人。

2.黑龙江省农垦豆都好食机蔬菜精深加工有限公司

黑龙江省农垦豆都好食机蔬菜精深加工有限公司是从事大豆种植、生产、研发、销售、旅游为一体的创新型企业。公司成立于2018年6月，是北大荒集团黑龙江嫩北农场有限公司的全资子公司。建设总投资2350万元，占地面积4678米²，建设生产厂房2座，引进冻干设备生产线2条，建设无氧真空冷冻干燥仓225米²、腐竹自动生产线12条、玉米粒加工自动生产线1条、果蔬加工生产线1条、速冻库2座、保鲜库1座。公司是全国唯一一家冻干腐竹加工企业,与农业科技院校合作,自主研发有冻干腐竹、冻干玉米粒及冻干蔬果三大类10种产品,已申报15项国家专利。

黑龙江省农垦豆都好食机蔬菜精深加工有限公司

公司自有有机食品基地位于九三大豆优质原料主产区,寒地黄金种植带北纬49°49′。选用优质的非转基因有机原料,年可加工转化大豆300吨以上,可产冻干腐竹成品100余吨,产值1100万元,年利润430万元。冻干系列产品定位高端市场,线上在淘宝、京东、抖音等平台销售,线下与北京、河北、辽宁、福建、江西、山东、广东等地高端食品专营店均有长期销售合作。

3.黑龙江省九三农垦金泽豆制品加工有限公司

黑龙江省九三农垦金泽豆制品加工有限公司成立于2015年11月,是北大荒集团黑龙江鹤山农场有限公司的二级独资企业,位于鹤山农场工业园区内。公司总投资720万元,占地面积1056米²,建筑面积942米²,年可转化大豆180吨,年设计生产即食豆干81吨、生产即食腐竹32.4吨,是一家生产绿色、安全、健康豆制品的深加工企业。

经过近几年的发展,公司豆制品达到了五大系列13个品种。公司加工的豆浆、豆腐以服务周边区域消费者为主。2018年推出"素福记"素食系列产品,研制出

黑龙江省九三农垦金泽豆制品加工有限公司

适合中青年口味的13款即食

产品，其中"觅豆"牌即食腐竹5款、"豆得儿"牌休闲豆干8款，主要开拓场外高端市场，现已在北京、青岛、沈阳、哈尔滨等城市设立了线上线下营销网点。公司把腐竹产品定位为"手作"有机腐竹，主要是突出传统手工工艺，对腐竹营养成分进行充分保留，以满足消费者对食品的营养健康要求。2019年，在原有腐竹的基础上，针对消费人群，研发生产黑腐竹、绿腐竹等系列新产品，深受消费者青睐。"豆得儿"休闲豆干、"觅豆"即食腐竹、"冰鹤"腐竹，荣获"2019黑龙江绿色安全健康产品"称号；"豆得儿"休闲豆干荣获"2020中国特色旅游商品大赛"入围奖。

4.黑龙江省九三农垦金露豆制品加工有限责任公司

黑龙江省九三农垦金露豆制品加工有限责任公司是山河农场2014年10月招商引资成立的一家民营企业。公司注册资本500万元，总投资近1000万元，占地面积7380米²，现有腐竹生产线12条，生产的产品有腐竹条、腐竹段、豆皮，颜色有黄色、绿色和黑色三种，年可生产腐竹、豆皮600吨。公司已通过ISO 9001质量管理体系认证，产品通过有机食品认证。

黑龙江省九三农垦金露豆制品加工有限责任公司

公司采取订单销售和"互联网＋线上线下"的模式，现为北京、上海、深圳、珠海、沈阳等地10余家公司和经销商委托加工，产品深受经销商和消费者的认可。2021年，公司实现产值300余万元，实现利润30余万元。

人物风采

　　栉风沐雨七十载，砥砺奋进谱华章。与共和国同龄、共同成长的九三分公司，发扬传承"艰苦奋斗、勇于开拓、顾全大局、无私奉献"的北大荒精神，以振兴中国大豆产业、争当旱作农业排头兵为己任，勇担国家粮食安全"压舱石"的重任，从人拉犁开荒到全程机械化种管收，从亩产不足百斤到亩产超四百斤，从单一品种到专品种种植，九三人在大豆产业振兴之路上踔厉奋发，勇毅前行，为北大荒集团粮食"十九连丰"贡献了九三力量，九三大豆品牌价值亦日益增长。正是一代又一代九三儿女的辛勤耕耘，才谱写了九三大豆产业发展的华彩篇章。

王文德：大豆机械化垄作栽培法和"两耪一耢"耕作法的创造人

　　王文德，1934年生，籍贯山东省黄县（今龙口市）。1950年6月，从辽

王文德

宁省锦州市来到鹤山农场，一直从事机务工作。1966年，调出鹤山农场。

1955年至1959年期间，王文德在农场第一生产队当联合收割机驾驶员。他驾驶的联合收割机始终是优质、高效、低耗，每年评比考核都在全场及九三垦区名列前茅，成为农机作业的标兵。王文德不但工作认真负责、兢兢业业，而且事业心很强，还刻苦钻研业务和技术，勇于革新。1957年冬，王文德在场部整风办公室帮忙工作期间，了解到农场"大豆垄作"攻关小组农具改造没有成功的情况后，很是着急，便暗下决心要自行攻关。为此，他利用休息时间进行试制，反复研究，设计图纸。1958年春，他回到生产队就开始在原农机具的基础上进行改装，试制出了大豆垄作所需的农机具，经过试验获得成功。当年春播就在全队推广，到秋天大豆收获后，亩产量比原来提高一倍，进而在1959年得到全面推广。此后，王文德与其他工作人员一起努力，又创造出"两耢一耥"的大豆耕作法，从而实现了大豆栽培的机械化作业。

主要科研成果："大豆机械化垄作栽培法和两耢一耥"当时在全国属于首创。王文德作为主要的发明人，受到上级的表彰。1959年10月1日，他作为黑龙江省农业增产劳动模范，随同黑龙江省劳模观礼团进京，参加了中华人民共和国建国十年大庆观礼。1960年，出席了黑龙江省召开的群英代表大会。

主要荣誉：1956年黑龙江省农业水利系统先进生产者、1956年黑龙江省第一届农业增产劳动模范、1958年黑龙江省农业建设社会主义积极分子、1960年黑龙江省劳动模范。

赵 发：视大豆为"命根子"的育种专家

赵发（1938—2019），籍贯吉林省怀德县（今公主岭市），中共党员，高级农艺师。1964年毕业于东北农学院合江分院农学系，8月到嫩江地区良种场工作。1977年调入九三科学研究所工作，任大豆育种室主任。1998年12月退休。

嫩江地区良种场地处北纬48°~49°，农作物生长期短，9月中旬开始下霜，第二年6月上旬霜期才结束。在这样的自然环境下，要培育出一种适合本地栽培的大豆早熟高产品种，便成了赵发迫在眉睫的课题。为摸索大豆的生长规律，赵发顶着烈日晒、蚊子叮，在田间做观察记载。残雪尚存的初春，他坐硬座、睡车站，先后到吉林省农业科学院、吉林市农业科学研究所、哈尔滨市农业科学院，以及牡丹江、合江（今佳木斯）、绥化、克山等地农科所引种。种子引来了，但不同

赵发

科研所引来的种子，花期不一致。他根据自己已掌握的国内外大豆资料，结合自己实践中摸索的经验，决定将攻关的重点放在花期调节上。他根据光周期原理，对大豆进行遮光处理，借以调节大豆品种之间花期不一致的弊病，达到杂交目的。遮光处理所用的工具是瓦盆，每处理一个亲本至少要扣3~4个瓦盆，要把引回的几十个大豆材料处理完至少需要近百个瓦盆。这是项繁重的劳动，但他都自己担了起来。赵发把全副身心投入到大豆育种工作中，就如他妻子说的"大豆是他的命根子"。赵发为了他的"命根子"，不分昼夜地工作，终于独创了大豆遮光处理方法，解决了大豆育种杂交问题。同时他的大豆育种一年多代温室栽培技术研究也取得了可喜成果，使大豆育种增代

赵发在观察大豆结荚情况

达到一冬二代、一年三代或四代栽培。1976年，由赵发选育推广的大豆品种达7种之多，其中有的荣获黑龙江省农场总局和黑龙江省科学大会优秀科研成果奖。

　　1977年，赵发调至九三科研所任大豆育种室主任，主持农牧渔业部、农垦部、黑龙江省农场总局、黑龙江省科学技术委员会下达的"早熟高产"大豆品种的选育研究和"优质、抗逆、高产"大豆品种选育课题的研究工作。赵发通过总结大豆育种规律和经验，培育推广了九丰1号、九丰2号、九丰3

号、九丰4号、九丰5号等大豆优质品种，总推广面积达2274.2万亩，增产大豆34.1万吨，增加经济效益3.41亿元。

主要科研成果：在国家、省、地级刊物发表《大豆高产品种育种的几个问题》《大豆花序与大豆品种选育》《九丰一号》《大豆新品种"九丰二号"、小麦新品种"垦九一号"》等文章21篇。

主要荣誉：1984年九三国营农场管理局劳动模范、1987年九三管理局科研成果显著一等功、1993年度九三管理局劳动模范标兵、1994年度九三管理局劳动模范。

李恩瑞：助推大豆产业发展的优秀经理人

李恩瑞

李恩瑞，1948年生，籍贯山东省武城县，中共党员，大专文化。1963年4月在黑龙江省荣军农场参加工作，历任机务工人、副队长、农场种子公司经理。2008年8月退休。

1984年11月，李恩瑞到农场种子公司上任后，面对职工挂账、单位亏损、人才奇缺、设备不全、管理混乱的局面，大力充实科技人员队伍，完善科研工作管理机制，建立专用种子繁育试验小区和信息网络。为了确保种子产业化的顺利实施，李恩瑞先后同黑龙江省农业科学院、黑河农业科学研究所、北安农业科学研究所、九三科学研究所等单位建立了长期稳定的业务合作关系，先后引进小麦、大豆新品种上百个。经过试验、论证和筛选，1986年在农场大面积推广了大豆优质品种九丰1号、九丰3号、九丰11号。1987年确定大豆北丰11号作为主栽品种，使全场的大豆比上年亩增产35千克。1999年引进高产高油大豆系列哈北46-1、黑河1582等品种。自1985年以来，荣军农场种子公司在黑龙江省内外推广销售优质麦豆种子1.6万吨，累计为企业创造利润3000多万元，为农场、垦区、全省乃至内蒙古局部地区的农业发展做出了贡献。荣军农场种子公司于1996年被确定为黑龙江省农业科学院种子示范基地，2000年9月又与中国农业大学共同组建了荣军试验示范基地。

主要科研成果：多年来，种子公司先后承担了农业部、国家科学技术委员会、黑龙江省、黑龙江省农垦总局、九三分局及荣军农场科研课题20多项，获各级成果奖十几项。

主要荣誉：1977年被评为"黑龙江省劳动模范"、

李恩瑞在指导学员测量大豆百粒重

2000年中华农业科教基金会颁发的中国农业科教奖、2000年被评为"全国劳动模范"。

张安宏：九三大豆科研和技术推广专家

张安宏，1965年生，籍贯山东省东阿县，高级农艺师。1986年毕业于黑龙江省九三农业技术学校农学专业，10月分配到九三科学研究所工作，历任技术员、助理农艺师、农艺师。2003年任黑龙江九三油脂有限责任公司北安分公司物资科科长。2015年任九三农业科学研究所大豆研究室主任、高级农艺师，2017年兼任国家大豆产业技术体系九三综合试验站站长至今。2022年1月任黑龙江省农垦科学院经济作物研究所高级农艺师。

张安宏

种子是农业"芯片"，是实现农作物高产优质的内因，是各项技术措施的核心载体，更是决定农作物产量和质量的关键因素。粮安天下，种子为基。30多年来，张安宏一直从事大豆育种和推广工作，参加农业部、黑龙江省、黑龙江省农垦总局大豆育种和成果转化类项目及任务6项；参加选育九丰系列、垦鉴豆系列、北豆系列等大豆品种17个；主持农业部、黑龙江省农垦总局课题和科企合作"早熟优质抗病特用型大豆新品

张安宏在鹤山农场调查大豆田间管理情况

种选育""大豆种质资源创新与新品种选育""早熟优质高产多抗大豆种质资源创新与新品种选育""大豆新品种轻简全程机械化栽培技术研究与示范"等项目；审定了龙垦336、龙垦3401、龙垦3402、龙垦3425、龙垦3428、九研2号、九研8号、九研9号、九研13号、九研17号等10个大豆品种，其中九研2号推广面积4.3万亩、龙垦3401推广面积3.2万亩、九研13号推广面积0.51万亩。开展新技术、新品种示范和高产创建工作，推广绿色防控技术"精歌"+噻虫嗪拌种防治根腐病、根瘤菌+促生菌拌种、肥料减施增效技术等。百亩攻关，实现亩产286.5千克；千亩示范"伙伴行动"，品种龙垦3401，实现亩产272.2千克；万亩示范，尖山农场第一管理区大豆种植面积39 772亩，平均亩产207.35千克，创造了高寒地区可复制可推广的大豆高产典型和种植模式。

主要科研成果：参与完成的"东北北部食用大豆优质高效技术集成与推广"项目，获"2016—2018年度全国农牧渔业丰收奖"农业技术推广合作奖；北豆19、北豆37、龙垦336和九研2号获得国家植物新品种权证书。参与编写《中国大豆新品种动态——2013年国家级大豆品种试验报告》一书，于2014年6月由中国农业科学技术出版社出版；发表《秸秆还田条件下大豆生产机械化技术》《黑龙江省西北部地区大豆大垄密植栽培技术》《黑龙江省大豆主要栽培模式及关键技术》《大豆新品种九研2号的特征特性及栽培要点》《大豆新品种九研8号的选育及高产栽培技术》等论文15篇。

主要荣誉：九三分公司党委联系服务专家。2017、2018年被黑龙江省农垦总局九三农业科学研究所授予劳动模范。

张宏雷：九三大豆产业的掌舵人

张宏雷，1966年生，籍贯辽宁省昌图县，中共党员，博士研究生学历，农学博士学位，教授级高级政工师、高级农艺师职称。1990年8月毕业于黑龙江八一农垦大学农学专业，历任牡丹江分局科研所实验场场长、所长助理，黑龙江省八五八农场副场长，牡丹江分局兴凯湖米业有限责任公司总经理，牡丹江分局八五〇农场党委书记、场长。2010年5月调任九三管理局副局长。2019年12月至今，任九三分公司党委副书记、总经理。

张宏雷

2010年张宏雷来到九三管理局后，分管全局的农业生产工作。他充分发挥农垦组织化、标准化、规模化、集约化优势，以提质增效为目标，大力推进绿色发展，形成具有九三大豆产业生产、加工特色的种植规模化、生产标准化、品种专业化、发展产业化、产业品牌化、经营市场化的"六化"模式。积极引进先进的数字遥感、信息化农业机械装备及"精准农业"技术设备，健全大豆产学研推体系，加快经营机制改革，大力发展订单农业、组建粮贸公司，做好粮食统营工作，使大豆产业实现农业生产效率、资源配置效率最优化和经营效益最大化。截至2022年底，九三分公司累计更新农机具9657台（套），农业综合机械化率达到99.97%；绿色食品、有机产品大豆认证面积247.3万亩，占大豆种植面积的96.5%；分公司70%的土地实现适度规模经营、统一管理，99.48%农

张宏雷在建边农场查看大豆长势

111

资、100%种子实现统供，91.24%粮食实现统营。2021—2022年，九三分公司粮食统营总量达到131.1万吨，粮食统营率达98.66%，位列北大荒集团各分公司第一名。九三大豆区域品牌价值由2019年的22.91亿元，跃升至2022年的50.27亿元。

主要科研成果：结合农业生产实践，获得国家实用新型专利3项，分别是组合式限深除草齿盘、动力旋转式中耕起垄单体机、一种综合利用田间秸秆分层铺设的冲刷沟修复装置。发表《克旱16不同密度及施肥量级对产量影响研究》《不同大豆品种适宜种植密度试验研究》《几种叶面肥对大豆增产效果的研究》《黑龙江省农垦九三管理局实施黑土区秸秆综合利用防治水土流失的新型方式探索》《提标准 强管理 优品质 促营销 全面推动北大荒现代农业高质量发展》等论文多篇；作为副主编，参与编写由天津科学技术出版社2020年7月出版的《农作物栽培学》；撰写的《九三大豆》《九三农垦：绿色大豆引领农业全面发展》两篇文章，入编由中国农业出版社出版的《中国绿色农业发展报告2019》。

主要荣誉：2008年黑龙江省农村青年星火带头人标兵、2010年全国产粮大县先进工作者、2014年黑龙江省农垦总局劳动模范、2019年全国农业农村系统先进个人、2021年全国粮食生产先进工作者、2022年黑龙江省劳动模范。

刁肇东：大豆丰产丰收的优秀农机工人

刁肇东，1971年生，籍贯黑龙江省讷河市，中共党员，本科学历，农机二级技师。1991年7月，在尖山农场参加工作。现任北大荒集团黑龙江尖山农场有限公司第四管理区农机工人。

多年来，刁肇东一直从事农业机械驾驶工作，为服务大豆增产增收做出了积极贡献。曾创下日点播大豆80公顷、日收获大豆60～70公顷的农场纪录。针对大豆管理中遇到的难题，他积极开展"五小"创新改装工作，在中耕机上加装了灭草装置，解决了大豆除草费时费力的难题。为了

刁肇东

刁肇东指导农机
工人维修机车

　　让丰收的大豆实现颗粒归仓，他研制了大豆扶倒器，将倒伏的豆枝全部扶起来，真正做到了精收细收。此项技术成果在尖山农场进行了推广应用，实现亩增产3%左右，农场约20万亩大豆增产近千吨，增加效益500余万元。

　　2011年，刁肇东领衔的"刁肇东劳模创新工作室"成立。2019年，工作室拓展为"现代农业科技人才（工匠）创新联盟工作室"，现有农业、农机、林业、畜牧创新骨干成员100余人。工作室本着"刻苦钻研、精益求精、创新创造、服务发展"的工作理念，对多种农业机械进行了技术改装，取得了可喜成绩，5项创新成果获国家专利，20余项技术成果得到推广应用。工作室与黑龙江八一农垦大学大豆研究院开展了联盟创建活动，每年试验示范大豆新品种10余个，为推进大豆品种更新选育、实现高产稳产继续贡献力量。工作室2020年荣获"黑龙江省劳模和工匠人才创新工作室"称号，2021年荣获"黑龙江省工人先锋号"称号。

　　主要研究成果：刁肇东劳模创新工作室研发的"一种内置多层秸秆固定网的冲刷沟修复装置""一种适用于宽窄行及拐子苗种植的可调式导种器"，2021年荣获国家实用新型专利；"大垄施肥机整形装置""垄三栽培播种机""播种机地轮防粘泥装置"，2022年荣获国家实用新型专利。

　　主要荣誉：2009年黑龙江省垦区科技致富能手、2011年黑龙江省农垦总局劳动模范、2012年黑龙江省劳动模范、2014年全国五一劳动奖章、2015年全国劳动模范、2020年黑龙江省总工会"好师傅"。

温淑霞：大豆科研战线的尖兵

温淑霞

温淑霞，1966年生，中共党员，大专学历，大西江农场农业技术推广中心科研站站长、劳模创新工作室带头人。2021年3月退休。

多年来，温淑霞累计试验推广种植大豆品种26个，大豆主栽品种有垦鉴豆25号、垦鉴豆27号、黑河43号、北豆10号、黑河52号、龙垦332、九研13号、九研17号等。2006—2007年大豆覆膜栽培试验获得成功，荣获黑龙江省科技成果奖，在生产上应用推广增产达20%以上。与沈阳科研院所合作研究大豆应用尿素酶抑制剂试验，由液体人工喷洒改剂型为尿素颗粒包衣，实现可用机械播种，达到工省效宏，延缓尿素释放速度，使种子持续获得氮肥的效果，在生产上大面积推广应用。2008年与九三麦豆育种研究所合作，选育适合九三垦区高蛋白系列品种，专品种豆浆豆获得较大成功。其中何九田2号蛋白质含量44%左右、脂肪含量18%左右、百粒重28～32克，磨出豆浆飘香浓郁、口感醇厚、豆渣少。该品种被认定命名为"于西1号"，成为大西江农场与育种家合作的第一个自主参与系谱法选育的特色大粒豆浆豆品种。豆浆豆与普通大豆效益对比，每500克可多卖0.5元左右；作为小包装有机种植豆浆豆，每500克售价10元以上。

2014年，温淑霞领衔的"温淑霞劳模创新工作室"成立。2015年，她带领技术团队参与选育经五年试验的龙垦332大豆品种被命名推广，为九三垦区大豆专用品种——食品豆再立新功。温淑霞带领工作室技术团队，引进筛选、参与选育大豆新品种30余个，其中经试验推

温淑霞在田间观察大豆长势情况

广的品种有 10 余个，累计推广面积 14.66 万亩，平均每年繁育大豆良种 6 吨，解决大豆生产方面技术难题 11 项，创经济效益 300 余万元。工作室 2018 年荣获"黑龙江省劳模和工匠人才创新工作室"荣誉称号。

主要科研成果：发表《大豆品种区域、生产试验和品种对比》《大豆大垄平播密植栽培模式的探讨》《大豆平做行间覆膜栽培试验研究》《大豆新品种九丰 9 号研究》等论文几十篇；其中，《大豆封闭除草配方试验研究》荣获 2004 年黑龙江省农垦总局优秀学术论文奖。

主要荣誉：2012 被授予黑龙江省农垦总局垦区有突出贡献的高技能人才、2016 年黑龙江省农垦总局优秀共产党员、2018 年黑龙江省职工创新标兵、2019 年黑龙江省五一劳动奖章和巾帼建功标兵。

李海燕：守护大豆健康的植保专家

李海燕

李海燕，1964 年生，籍贯吉林省双阳县（今长春市双阳区），中共党员，高级农艺师，毕业于黑龙江八一农垦大学。1983 年 12 月，在七星泡农场科研站参加工作，历任技术员、农艺师、站长。2019 年 12 月退休。

李海燕自参加工作以来，一直从事植保工作。她带领科研团队先后对乙草胺、虎威、杂草焚、烯草酮、金都尔、宝收、速收等 20 余种进口和国产除草剂不同剂量、不同施用方法进行了 500 多个农药混配试验，共总结出 36 种配方。特别是速收、灭草猛、乙草胺、普施特、宝收秋施等技术，已在九三垦区和周边地区推广应用。1999—2001 年，她经过试验筛选，推出"氟磺胺草醚＋异噁草松＋精喹禾灵""三氟羧草醚＋异噁草松＋精喹禾灵"两个大豆农药配方，2002 年由大连松辽化工公司生产，商品名为"耕田易"和"豆易耕"，在黑龙江省大豆田大面积应用，其中"耕田易"应用面积达 60 万亩、"豆易耕"应用面积 15 万亩。这两种混剂具有除草效果好、用药成本低、一次用药可控制全生育期杂草等特点。2005 年，她又通过筛选推出了以异丙甲草胺为主要成分的大豆播

李海燕在高油大豆试验区查看苗情

后苗前除草剂农药配方"共欢",既对大豆生长的安全性有保障且药效好,又能够改善大豆田土壤。2006年推广应用面积30万亩,当年虽然早霜、大豆产量降低,但是应用该药剂的大豆能够正常成熟,产量比叶面处理的提高15%,效果显著。

近年来,以李海燕为技术顾问的七星泡农场农文旅劳模工匠人才创新工作室,加大了对大豆有机肥的深入研究。2021年七星泡农场有机大豆订单达到3万余亩,这是工作室大豆有机肥研究的最佳例证。

主要科研成果:参与编写的《除草剂使用手册》(王险峰主编)一书,由中国农业出版社于2000年9月出版;参与编写的《绿色农业植保技术》(关成宏主编)一书,由中国农业出版社于2010年9月出版;参与编写的《绿色植保技术手册》(关成宏主编)一书,由中国农业出版社于2021年6月出版;先后撰写论文81篇,其中《广灭灵与其他除草剂混用技术研究》《适乐时在大豆田应用效果》《豆田秋施药技术研究》《金豆在大豆田的应用效果及安全性试验》《喷特防除豆田杂草试验》《高效氟磺胺草醚防除豆田杂草试验》《适乐时在大豆田应用效果》《大豆田化学除草存在的问题》《杰效利在大豆田应用技术研究》等在黑龙江省农垦总局优秀论文评审中获奖。

主要荣誉:1996年黑龙江省农业先进科技工作者、2002年黑龙江省农垦总局劳动模范、2009年全国女职工建功立业标兵、2018年黑龙江省五一劳动奖章。

惠希滨:大豆规模化栽培模式的探索者

惠希滨,1970年生,籍贯山东省日照市,中共党员,大专学历,高级农艺师。1990年7月毕业于黑龙江省农业管理干部学院。1991年7月在大西江农场参加工作，历任连队统计员，农业科科员、副科长、科长，科技科科长兼种子管理站站长等职。2019年任大西江农场农业发展部部长。

惠希滨扎根农场，从事农业生产工作30多年，有着丰富的农业生产工作经验。他在农场原有的"大豆垄上四行"密植技术基础上，结合大西江农场实际，于2009年开始，组织农技人员开展了"大豆垄上三行"高产栽培技术攻关试验。针对农场土质保墒差的实际，推行了大豆免耕技术。经过5年的摸索，2014年"大豆垄上三行"高产栽

惠希滨

培技术在农场实现全面推广。当年，大西江农场大豆平均亩产209千克，最高亩产267.5千克，为九三管理局粮食增产做出了显著成绩。为了使农场大豆实现高产、稳产，他和农业科研队伍共同努力，在大豆生产中综合运用提、增、降等农艺措施，农场大豆2020—2022年连续喜获丰收，粮食单产、均产、质量、效益连续三年超越历史创新高。

主要科研成果："优质高产大豆少免耕综合栽培技术体系研究与示范"荣获2011年黑龙江省级科技进步奖三等奖。参与完成的"黑龙江大豆安全施肥与优质高效生产技术与示范推广"项目，荣获2011—2013年度全国农牧渔业丰收奖三等奖。发表了《浅析大豆的品种类型与选择》《浅析大豆原种的生产技术》《大豆、玉米航化作业效果调查与经验总结》等论文多篇；"一种大豆保护性耕作栽培用增温保墒装置"，2022年获得国家实用新型专利。

主要荣誉：2013年度黑龙江垦区"全国基层农技推广补助项目"优秀农技人员、2014年度全国粮食生产突出贡献农业科技人员。

惠希滨在测量大豆株高

陈福贵：大豆标准化种植的农机革新专家

陈福贵

陈福贵，1970年生，籍贯辽宁省盖县（今盖州市），中共党员，本科学历，农机高级工程师。1989年12月参加工作，历任荣军农场第二生产队机务统计、农机技术员，农场农机科科员、副科长、科长。现任荣军农场农业发展部副部长、农机创新工作室领衔人。

陈福贵围绕大豆机械化种植技术，进行了106项农机技术改装和革新，改装大豆种植机具977台（件）。2007—2010年，他将大豆三垄栽培小垄九行播种机改成110厘米大垄垄上四行铧靴式开沟器精量播种机，完成了大垄密植播种的试验示范。2011—2014年，为了解决铧靴式开沟器易拖堆、播种后有夹干土问题，将开沟器改成圆盘式，改装了28台，提高了大垄密植播种机的通过性和适应性。2015—2017年根据大垄垄上四行改三行精密播种情况，总结出"刮种器"调整法，极大地改善了大豆播种的匀度和精准度，推广"气吸式"精密垄上三行播种机41台。3年间，累计推广种植大豆面积45万亩，使农场大豆亩产由165千克提高到200千克，增产21.2%。2018年，他开展了"工字板扶倒器"等一系列的机械改装，形成了旱能播、涝能种、抗倒伏、防秋涝、机收减损的农机创新模式。2018年，豆茬原垄破茬扶垄技术被黑龙江省农垦总局确立为科技示范推广项目，累计推广种植大豆面积3000亩，亩节本14元，增收4.2万元。2019年他实施了"垄上刮土机改装"，2020年实施了"马克播种机限深轮后移改装"，累计为农场增收2470万元。

主要研究成果：2013年"促雪融撒灰机""大型机械式定量施水机"获得

陈福贵和他的农机创新团队

国家实用新型专利;"倒伏玉米割台改装"荣获2021年黑龙江省百万职工"五小"创新竞赛二等奖。《维美德T171拖拉机使用、检查与调整》等17篇论文在《农机使用与维修》等杂志发表;《提高认识,精心组织,打造品牌,推动农机跨区作业健康发展》等14篇论文在九三管理局、黑龙江省农垦总局及黑龙江省论文评选中获奖。

主要荣誉:1996—1998年黑龙江农垦总局先进农机安全监理员,2011年黑龙江农垦总局农机管理标准化工作先进个人。

廖永霞:献身大豆产业的优秀青年

廖永霞,1985年生,满族,籍贯辽宁省凤城市,中共党员,高级农艺师。2007年7月毕业于中国农业大学,8月在大西江农场参加工作,历任农场生产科科员、副科长,科技科科长兼农业技术推广中心主任。现任大西江农场农业发展部副部长。

作为中国农业大学的毕业生,头顶着耀眼名校光环的廖永霞,从走上农业岗位的第一天起,就把自己定位为一名"学生"。为了学习和掌握农业技术,她走到哪儿都随身背着一个笔记本。哪

廖永霞

里有虫、有病、有草,她就去哪里,边干边学。参加工作的十多年里,她走过农场的1.1万公顷耕地,背坏了6个背包,搜集了万余张病虫害的图片和作物不同时期的长势图片,积累了厚厚的20多本农情记录。她根据农业工作的实践,完成了《大西江农场大豆生产情况调研报告》等多项研究成果。在她的带领下,农场秸秆分解菌剂应用技术推广31.3万亩,其中多肽酶在大豆上推广应用面积9.6万亩,三年累计实现增收1383.8万元、减少化肥施用节支976万元;110厘米大垄模式综合抗旱增产配套栽培技术推广累计41.44万亩;大豆品种降密增匀技术推广8.9万亩,种子节本13.6万元,农场大豆10年内亩产提高了34%。

主要科研成果:发表《论种子企业管理及系统管理》《种子企业科技管理

与知识产权保护》《乙烯、6-BA对大豆幼苗生长、生化成分及细胞组织结构的效应》《ETH、KT和6-BA对绿豆幼苗形态建成和生化成分的效应研究》《简述保水剂在农业生产上的应用》《2015年度大西江农场大豆生产情况调研报告》《2016年度大西江农场大豆生产情况调研报告》等多篇论文；参与完成的"秸秆分解菌剂与黑龙江垦区耕地质量保护与提升技术"，2017年荣获黑龙江省农垦总局科学技术进步奖一等奖。

廖永霞在查看大豆品种结荚习性

主要荣誉：2009年黑龙江省县域农村优秀科技人才奖、2020年北大荒集团最美农业科技工作者、2021年北大荒集团工会"巾帼建功标兵"、2021年北大荒集团最美科技人、2022年黑龙江省劳动模范。

在九三大豆产业化发展过程中，还有国家、黑龙江省和北大荒垦区的许许多多科研人员凝心聚力，为九三垦区现代农业发展加油助力。2022年10月，经国家大豆产业体系岗位专家批准，以首席科学家韩天富为首，张玉先、张伟等专家为成员的"国家大豆产业体系岗位专家九三工作站"在尖山农场九三大豆产业创新研究院揭牌成立。这为九三分公司大豆产业发展注入了新的动力。农业农村部大豆专家指导组成员、黑龙江八一农垦大学农学院张玉先教授，兼任九三大豆产业创新研究院院长，常年带领技术团队，以鹤山农场为研究基地，着力为提高九三大豆栽培技术水平，为提高大豆产量、增加收入、保证粮食安全、促进农业发展做出了卓越贡献。黑龙江八一农垦大学教授张伟，依托国家大豆产业技术体系，带领团队在九三大豆产业创新研究院进行了大豆提质增效关键技术攻关，在尖山农场创新研发的"大豆智能化管理与精准作业服务平台"及其配套系统、设备与技术，形成了大豆绿色高效优质生产技术模式，开展了适宜九三垦区380个品种的筛选工作，累计推广应用面积5万余亩，核心示范区域及绿色高质高效创建地平均亩产均高于200千克/亩。

CHAPTER

 大事记（1949—2022年）

1949年

当年开荒总面积为2151公顷，播种大豆9公顷，总产量为12.05吨，平均亩产为89.26千克。

1952年

11月，由《人民画报》记者吴宝基拍摄的反映九三荣军农场收获大豆的7幅图片登上《人民画报》，并以《大豆丰收——东北北部平原上的九三农场》为题进行报道。其中，《东北国营九三机械农场的堆豆场》成为当期封面图片。

1957年

大豆开始实行机械耙地锄草，灭草率比人工除草提高了10%。

1959年

九三垦区生产的大豆等农牧产品开始直接出口。

1988年

6月9日，九三垦区第一座现代化大豆加工企业——年加工大豆6万吨的九三油脂化工厂投入生产。

1990年

8月30日，九三油脂化工厂的大豆油和色拉油等8个厂家的9种产品，经农业部批准获得首批绿色食品标志使用权。

12月，九三国营农场管理局的大豆经测定亩产150千克，创造历史的有荣军、鹤山、红五月、山河、尖山等5个农场。

1997年

10月10日，黑龙江九三油脂有限责任公司的产品被评为第三届中国农业博览会名牌产品。

当年，农垦九三分局四大作物总产量、单产均超历史，粮食总产量75.7万吨，甜菜总产量27万吨；小麦亩产315.05千克，玉米亩产453.7千克，大豆亩产209.45千克，甜菜亩产2.6吨。

1998年

2月16日，尖山农场14队队长王广县被评为"黑龙江省大豆大面积高产综合配套技术研究开发与示范工作先进工作者"。

1999年

1月11日，荣军农场被黑龙江省农科教结合领导小组办公室评定为"黑龙江省农科教结合优质麦豆产业化示范基地"。

5月18日，大西江农场"大豆垄上双行中耕管理机械的研究"获黑龙江省职工科技成果奖。

12月28日，黑龙江九三油脂有限责任公司举行技术改造竣工庆典，大豆年加工能力达到 10 万吨。

2006年

12月，农垦九三分局被国家标准化管理委员会认定为"高油高蛋白大豆种植国家农业标准化示范区"。

2010年

1月，农垦九三分局被中国绿色食品协会授予"中国绿色大豆之都"称号。

9月3日，由中国大豆产业协会、黑龙江省人民政府联合主办，由农业部、商务部共同支持，黑龙江省农垦总局具体承办的首届国际大豆产业博览会暨北大荒大豆节在黑龙江省农垦总局九三分局举行，本届大豆节的主题为"挺起中国大豆产业的脊梁"。

2011年

6月，由中国大豆产业协会命名的"中国非转基因大豆核心保护区"在农垦九三管理局落户，这是中国首个非转基因大豆核心保护区。

9月3日，由中国大豆产业协会和黑龙江省农垦总局主办、黑龙江省农垦九三管理局承办的第二届中国北大荒大豆节举行，本届大豆节的主题为"绿色北大荒　金色大豆节"。

2012年

9月3日，第三届中国北大荒大豆节在黑龙江省农垦九三管理局举办，本届大豆节的主题是"幸福北大荒　活力大豆节"。当日，"黑龙江省九三非转基因大豆交易中心"正式揭牌并投入运营。

12月31日，国家质量监督检验检疫总局批复（国质检质函〔2012〕857号），同意黑龙江九三经济开发区筹建"全国非转基因大豆加工产业知名品牌创建示范区"。

2013年

4月18日，"黑龙江大豆（九三垦区）"被国家质量监督检验检疫总局批准为国家地理标志保护产品。

2014年

6月，九三管理局被国家标准化管理委员会授予"中国原生大豆标准化种植标准化示范区"称号。

2016年

7月21日，由中国食品工业协会豆制品专业委员会、国家大豆产业技术体系加工研究室、黑龙江省农垦九三管理局共同举办的2016中国大豆食品专用原料研讨会在牡丹江市召开，九三管理局副局长张宏雷作主旨发言。

9月3日，第四届中国北大荒大豆节在黑龙江省农垦九三管理局举办，本次大豆节首次增加豆都文化展位，本届大豆节的主题为"责任与梦想"。

11月，黑龙江省农垦九三管理局被中国粮油学会授予"中国大豆油之乡"称号。

2017年

3月19日，黑龙江省农垦九三管理局、湖北省宜昌市农业局和湖北省秭归县人民政府主办的三峡宜昌·豆都九三绿色农产品推介会在北京举办。

4月14日，首届大豆食品健康产业创新发展论坛暨大豆食品原料基地建设研讨会在北京召开。九三管理局作为大会协办单位会上进行了推介。

4月15日，第二届中国大豆食品节暨第七届中国（武汉）大豆食品加工技术及设备展览会在武汉文化博览中心开幕，九三管理局副局长范学斌作九三大豆推介发言。

4月20日，农业部批准对"九三大豆"实施农产品地理标志登记保护。

6月2日，由黑龙江省农垦九三管理局主办、上海市豆制品行业协会和上海哈尔滨商会协办的"九三管理局（上海）招商引资暨九三大豆、绿色食品推介会"在上海神旺大酒店举行，九三管理局局长王晓春作推介发言。

8月25日，黑龙江省农垦九三管理局与上海市豆制品行业协会举行了对接洽谈会，九三管理局副局长张宏雷出席了洽谈会。

8月，"九三大豆"被黑龙江省农业委员会评为"黑龙江省农产品地理标志十大区域品牌"。

9月3日，第五届中国北大荒大豆节在黑龙江省农垦九三管理局举办，本届大豆节的主题为"传承大豆文化、畅享豆都美食"。

9月20日，"九三大豆"入选第十五届中国国际农产品交易会组委会发布的"2017年中国百强农产品区域公用品牌"名单。

2018年

9月3日，第六届中国北大荒大豆节在黑龙江省农垦九三管理局举办，大豆节的主题为"绿色北大荒　豆都好食品"。

9月23日，"九三大豆"入选首届"中国农民丰收节"组织指导委员会发布的"100个农产品品牌"名单。

12月20日，"九三大豆"被《中国品牌》杂志社区域农业品牌研究中心评为"2018年中国区域农业品牌影响力排行榜"粮油类第二名。

2019年

1月19日，2018中国绿色农业发展年会在北京召开，"九三大豆"被中国绿色农业联盟、中国绿色农业发展报告编委会、中国绿色农业发展年会组委会评选为"2018全国绿色农业十大最具影响力地标品牌"。

4月2日，2019中国（长沙）国际大豆食品加工技术及设备展览会暨第四届中国大豆食品节在湖南长沙国际会展中心举行，九三管理局副局长董永忠作推介发言。

5月9日，在上海举行的"2019中国品牌价值信息发布"活动中，"九三大豆"名列区域品牌（地理标志产品）第87名，品牌价值22.91亿元，是全国大豆产品唯一入选品牌。

5月18日，由黑龙江八一农垦大学与九三管理局合作共建的九三大豆产业创新研究院正式揭牌。

5月30日，"九三大豆"被首届中国品牌农业神农论坛组委会授予"中国品牌农业神农奖"。

5月，《九三大豆品牌叫响大江南北》入编由中国农村杂志社编、中国农业出版社出版的《百强品牌故事》。

9月3日，第六届中国北大荒大豆节在九三分公司举办，大豆节的主题为"食用九三大豆　畅享品质生活"。其间，由中国食品工业协会豆制品专业委员会组织的2019中国大豆食品专用原料研讨会同时召开。

9月21日，九三分公司（管理局）与广东省大豆产业技术创新联盟战略合作签约仪式在豆都商务酒店举行。九三分公司（管理局）副局长张宏雷与广东省大豆产业技术创新联盟理事长年海就双方合作进行签约。

11月15日，在第十七届中国国际农产品交易会上，中国农产品市场协会发布中国农业品牌目录，共有300个特色农产品区域公用品牌入选，"九三大豆"荣列其中。

11月27日，"九三大豆"被黑龙江品牌节组织委员会、黑龙江省品牌战略促进会、黑龙江品牌研究院评为"黑龙江省品牌价值评价信息发布"区域品牌（地理标志产品）前十强，位居第六。

11月29日，"九三大豆"入列农业农村部地理标志农产品保护工程。

12月，《九三农垦：绿色大豆引领农业全面发展》《九三大豆》入编由中国绿色农业联盟编纂、中国农业出版社出版的《中国绿色农业发展报告2019》。

2020年

1月10日，中国农产品市场协会发布中国农业品牌目录2019农产品区域公用品牌（第一批）价值评估榜单，"九三大豆"品牌价值25.8亿元。

9月13日，由中国食品工业协会豆制品专业委员会、安徽省宿州市埇桥区人民政府主办的中国豆制品行业年会暨第七届中国大豆食品专用原料研讨会在安徽省宿州市举行，九三分公司副总经理范学斌作推介发言。

2021年

1月，九三分公司被中国绿色农业联盟、中国绿色农业发展报告编委会授予"2020年全国绿色农业十佳示范企业"称号。

4月15日，2021中国国际大豆食品加工技术及设备展览会在昆山花桥国际博览中心开幕。中国食品工业协会豆制品专业委员会授予九三分公司"中国大豆食品专用原料生产基地"称号，授予九三大豆"中国大豆知名品牌"称号。

5月9日，由新华社、中国品牌建设促进会、中国资产评估协会、国务院国资委新闻中心等单位联合主办的"2021中国品牌价值信息发布暨中国品牌建设高峰论坛"活动中，九三大豆品牌价值跃升到34.65亿元。

7月9日，由中国大豆产业协会主办、北大荒农垦集团有限公司作为支持单位的2021中国大豆食品产业峰会暨大豆新原料、新技术和新产品论坛在山东济南召开，九三分公司总经理张宏雷作九三大豆推介。

9月3日，第七届中国北大荒大豆节在九三分公司举办，大豆节的主题为"中国北大荒，豆香赢天下"。

2022年

1月，《九三农垦：强化科技创新驱动，推进农业绿色发展》《北大荒农垦集团有限公司九三分公司》《九三大豆》等3篇文章入编由中国绿色农业联盟编纂、中国农业出版社出版的《中国绿色农业发展报告2021》。

8月17日，由中国大豆产业协会、黑龙江省大豆协会、北大荒农垦集团有限公司等单位主办的第六届中国大豆产业国际高峰论坛在哈尔滨市举办。会上，九三分公司张宏雷总经理当选为黑龙江省大豆协会副会长。

9月3日，第八届北大荒大豆节暨九三绿色食品展销会在九三分公司举办，大豆节的主题为"同心聚力，共赢未来"。

9月5日，中国品牌建设促进会、中国资产评估协会、新华社民族品牌工程办公室等单位在北京联合发布"2022中国品牌价值评价信息"，九三大豆品牌价值跃升至50.27亿元，在中国大豆类品牌中名列第一。

9月29日，九三分公司党委副书记、总经理张宏雷接受新华网访谈时表示，努力把"九三大豆"这个金字招牌擦得更亮，将品牌优势转化为发展新动能，为北大荒集团建设"三大一航母"贡献新力量。

11月1日，九三大豆交易平台启动仪式举行，该平台是国内唯一一个大连商品交易所场外大豆交易平台，也是首个运用农产品期货结合、场外交割模式的综合服务体系。九三分公司领导陈玉林、张宏雷、刘忠德通过线上出席启动仪式。

附 录

国家质量监督检验检疫总局
关于批准对张家湾葡萄（张湾葡萄）、黑龙江大豆（九三垦区）、邳州苔干、隆昌夏布、太白贝母（咀头产区）实施地理标志产品保护的公告

2013年第55号●

根据《地理标志产品保护规定》，国家质量监督检验检疫总局组织专家对张家湾葡萄（张湾葡萄）、黑龙江大豆（九三垦区）、邳州苔干、隆昌夏布、太白贝母（咀头产区）地理标志产品保护申请进行审查。经审查合格，批准张家湾葡萄（张湾葡萄）、黑龙江大豆（九三垦区）、邳州苔干、隆昌夏布、太白贝母（咀头产区）为地理标志保护产品，自即日起实施保护。

......

二、黑龙江大豆（九三垦区）

（一）产地范围

黑龙江大豆（九三垦区）产地范围为黑龙江省农垦九三管理局七星泡、尖山、红五月、荣军、大西江、鹤山、嫩江、嫩北、山河、建边10个农场现辖行政区域。

（二）专用标志使用

黑龙江大豆（九三垦区）产地范围内的生产者，可向黑龙江省垦区质量技术监督局九三分局提出使用"地理标志产品专用标志"的申请，经黑龙江省质量技术监督局审核，报国家质量监督检验检疫总局核准后予以公告。黑龙江大豆（九三垦区）的法定检测机构由黑龙江省质量技术监督局负责指定。

● 本书节选的公告内容以黑龙江大豆（九三垦区）为主，其他内容略去并用省略号加以标识。

（三）质量技术要求（见附件2）

……

特此公告。

国家质量监督检验检疫总局

2013年4月18日

附件2：黑龙江大豆（九三垦区）质量技术要求

一、品种

选择适宜产地范围内种植的黑河43号、垦鉴豆28号、垦鉴豆27号、东农44号、黑河34号等品种。

二、立地条件

黑钙土，有机质含量大于5%，耕层厚度大于30厘米，pH6.0～6.5。

三、栽培管理

1.轮作：与其他非豆科作物进行2～3年轮作。

2.播种：播种期为4月下旬—5月上旬，每公顷保苗38万～40万株，采用大垄密植栽培技术。

3.施肥：主要采用秸秆还田培肥地力和测土配方施肥。

4.环境、安全要求：农药、化肥等的使用必须符合国家的相关规定，不得污染环境。

四、收获和加工

1.收获：9月下旬全株三分之二荚果变黄、下部叶变黄脱落、籽粒变硬呈固有色泽即可收获，自然风干至水分13%以下。

2.加工：清理→分选→整理→计量包装。

五、质量特色

1.感官特色：籽粒饱满，色泽纯正，有光泽。

2.理化指标：

（1）高油大豆：粗脂肪（干基）≥21%；

（2）高蛋白大豆：粗蛋白质（干基）≥41%。

3.安全及其他质量技术要求：产品安全及其他质量技术要求必须符合国家相关规定。

九三大豆农产品地理标志登记证书

优质绿色大豆标准化生产技术规程

北大荒农垦集团有限公司九三分公司农业发展部

一、产地环境

产地环境应符合NY/T 391—2013的规定。

(一) 空气环境质量要求

项 目	指 标	
	日平均[a]	1小时平均[b]
总悬浮颗粒 (TSP) (毫克/米^3)	≤0.30	—
二氧化硫 (SO$_2$) (毫克/米^3)	≤0.15	0.50
二氧化氮 (毫克/米^3)	≤0.08	0.15
氟化物 (微克/米^3)	≤7	20

注：a.日平均指任何1日的平均指标；b.1小时平均指任何1小时的指标。

(二) 旱田土壤质量要求

指 标	pH≤6.5	pH6.5～7.5	pH≥7.5
总镉 (毫克/千克)	≤0.3	≤0.3	≤0.4
总汞 (毫克/千克)	≤0.25	≤0.3	≤0.35
总砷 (毫克/千克)	≤25	≤20	≤20
总铅 (毫克/千克)	≤50	≤50	≤50
总铬 (毫克/千克)	≤120	≤120	≤120
总铜 (毫克/千克)	≤50	≤60	≤60

二、种植地块基础要求及整地作业

(一) 茬口选择

选择前茬是禾谷类作物地块，其次是非豆科类作物地块。

（二）高产地块

选用土壤疏松、较肥沃的地块，有深松基础，排水良好的地块。

（三）茬口处理及"三秋"要求

封冻前集中实施秋整地、秋起垄、秋施肥，具备条件的情况下，全面完成"三秋"作业。

1. 前茬处理

大豆地前茬多为玉米，玉米收获后，用灭茬机进行全田灭茬，玉米秸秆长度不得超过5厘米。

2. 秋整地方法

前茬的处理以深松或浅翻深松为主，松、翻、耙相结合。对土壤耕层总体要求要达到深、细、平、碎、透。

在土壤干湿适度时及时深松，要求打破犁底层，深松深度30～35厘米，达到耕层以下6～15厘米，深浅一致，不漏松，不重松，不起大块。沙壤土地块不宜深翻。

深松后，松耙结合，进行两遍耙地作业，深度18～20厘米，无大土块和暗坷垃，要做到耕层土壤细碎、平整，达到起垄状态。

3. 秋起垄施肥作业

平均气温低于10℃，封冻前完成秋施肥作业。应用垄上三行施肥，垄向笔直，垄高（压后）18～20厘米，垄顶宽（压后）65～70厘米，施肥深度（压后）12～15厘米。

秋施肥后注意适时镇压封墒。

绿色施肥建议：采取有机无机相结合、立体施肥的方式，通过秸秆还田、施有机肥，配合中、微量元素，实现大豆不同时期的肥料需求。

施肥方法：采用分层深施肥。

每公顷施用农家肥10吨以上，化肥用量中尿素40千克、磷酸二铵105千克、硫酸钾20千克，秋施不上的移到春施。亩施化肥纯量6.5千克，氮：磷：钾的比例为1:1.3:0.24，具体施肥量应以土壤检测为依据，结合经验施肥适度调整。

增施有机肥，每公顷尿素、磷酸二铵等氮、磷无机化肥商品用量170千克以内，实施全程施肥、立体施肥，合理应用优质叶面肥。

（四）免耕地

前茬收获后选择排水好、朝阳坡且收获后垄形损伤小的地块（最好玉米收获采用冻收），春季灭茬后（最好灭茬在播种前进行），原茬免耕种植大豆。

三、种子准备

（一）选用经合法审定，适合本区域种植，≥10℃有效积温2250℃以下，经区域引种试种试验、小区试验、大田示范，经大面积推广成功的优质、高产、抗逆性强的大豆品种。

（二）种子处理

1.由种子公司完成种子精选，以机械精选为主、人工粒选为辅，汰除破瓣、杂质、病粒、虫粒。所选种子粒型均匀一致，纯度≥98%，净度≥98%，发芽率≥92%，水分≤12%，实际指标应超过国家标准。

2.种子包衣

播种前完成种子包衣。

持续低温高湿气象条件下，种子包衣并不能解决种子生理性损害问题，甚至可能加重这类损害。

（1）每100千克种子用2.5%咯菌腈悬浮种衣剂150～200毫升拌种。防治镰孢菌、丝核菌引起的根腐病。

（2）每100千克种子用2.5%咯菌腈150毫升+35%精甲霜灵20毫升拌种。防治镰孢菌、丝核菌、腐霉菌、疫霉菌引起的根腐病。

（3）每100千克种子用2.5%咯菌腈悬浮种衣剂150～200毫升+60%吡虫啉悬浮种衣剂50～80毫升（或噻虫嗪150克）。防治镰孢菌、丝核菌引起的根腐病，对大豆苗后早期发生的跳甲、根潜蝇有一定防效。

（4）经试验引进的符合绿色食品使用农药要求的其他种子处理剂。

四、播种

（一）播种日期的确定

1.以土壤5厘米地温连续5天超过5℃的日期作为始播期。

2.在播种适期内，要因品种类型、土壤墒情等条件确定具体播期。晚熟品种、坡地、朝阳地块适时早播，早熟品种、低洼易涝、平坦地块适当晚播。

3.土壤墒情较差的地块，应当抢墒早播，播后及时镇压；对土壤墒情好的地块，应选定最佳播种期。

（二）种植密度

1.各农场主栽品种的公顷保苗32万～38万株，具体播量依据品种特性、春季播种条件、夏季预计干旱程度、除草剂配方习惯和地类等因素具体确定。一般肥水条件好的偏小一些，除草剂习惯用量小的密度小一些。

2.以每公顷36万株为基础。各方面条件优越，肥力水平高的，密度要降低播量的5%；整地质量差的，肥力水平低的，密度要增加播量的5%。

（三）播种量的计算

$$每公顷播种量（千克）= \frac{每公顷设计保苗株数（万株）×百粒重（克）×（100\% + 2\%）}{发芽率×净度×10}$$

注：按2%的田间损失率计算。

（四）播种方法

应用进口精播机播种，播深3～4厘米，播种作业速度6～6.5千米/小时。播后适时镇压，镇压作业速度5～6千米/小时。

五、田间管理

（一）杂草防治

采取综合治理措施：一是专业化种子生产和加工，农机、运输车辆跨区作业消毒清洗，避免新杂草和抗性杂草种子传播；二是化学除草以封闭除草为主、叶面除草为辅，延长适宜施药时期；三是通过轮作、化学除草剂混合配方、添加助剂，化学除草、机械除草、人工除草相结合消灭抗性杂草和难治杂草。

1.化学除草

遵循黑龙江垦区《绿色植保技术指南》最新版指导。

应采取以播后苗前土壤处理为主，与苗后施药相结合方式。

（1）播后苗前土壤处理

登记在春大豆上含有精异丙甲草胺、二甲戊灵、丙炔氟草胺、噻吩磺隆、草铵膦等成分的除草剂品种，经北大荒农垦集团、九三分公司试验示范，掌握效果和安全性控制因素后可以推广应用。

播后苗前土壤处理药效受降雨影响较大，用量要依据土壤含水量、pH、土壤有机质等适当调整。

应根据上年杂草种类、基数、土壤类型确定配方。土壤质地疏松、有机质含量低、低洼地水分好时用低药量，土壤黏重、有机质含量高、岗地水分少时用高药量。

常规建议选用精异丙甲草胺与噻吩磺隆、丙炔氟草胺等混用。

常用配方：针于部分杂草已出土、大豆未出土地块，每公顷用960克/升精异丙甲草胺乳油1.8升+75%噻吩磺隆水分散粒剂40克或50%丙炔氟草胺可湿性粉剂80～120克。

丙炔氟草胺施药最好在大豆播后3天内进行，施药后有5毫米以内小雨，有利于形成药层。苗带易积水或多雨易积水地块仅可以选用精异丙甲草胺+噻吩磺隆配方，且仅可低剂量，或停止土壤处理。

（2）苗后化学除草

登记在春大豆上含有乳氟禾草灵、灭草松，常规禾本科除草剂经北大荒农垦集团、九三分公司试验示范，掌握效果和安全性控制因素后可以推广应用。

应在杂草3～5叶期施药。按配方药剂特点确定，应早尽早，除早除小，每公顷用240克/升乳氟禾草灵乳油0.45～0.6千克+480克/升灭草松水剂1.5～2千克；后出的禾本科杂草或大龄禾本科杂草可结合第一遍叶面追肥施用，可选用240克/升烯草酮乳油0.45～0.6升。

施药时加入激健、硅力等植物油型喷雾助剂可提高除草效果。

2.机械与人工除草

配合化学除草，充分运用耘、趟、蒙、碰、夹等及动力中耕除草机械进行表土除草，起到松表土的作用；对于多年生杂草发生多、野生大豆多、特别荒的地块，或分布不均的地块，应在第二片复叶前人工铲一次，应做到除净、不伤苗。按验收要求人工割草一次，可有效降低抗性杂草基数。

（二）中耕

确保全生育期实现中耕作业3次。要做到松、趟结合，佩戴护苗器，要求不湿耕、不伤苗、不豁苗、不埋苗。第一次深松放寒要早进行，不能耕起大块和粘条，深松深度要达到30厘米以上，使用加厚杆尺进行作业。一遍大轮后必须安装三杆尺，二遍、三遍中耕作业必须带三杆尺，以不起粘条为准，深度逐渐加深。

（三）生长控制与病虫害防治

1.幼苗期（1～2片复叶）

第一遍1片复叶期每公顷喷施尿素3千克＋米醋3千克（可结合化学除草，主要针对禾本科杂草）。

2.分枝期（3～4片复叶期）

此期正值6月中下旬，干旱情况应促长（促根系生长）防虫：每公顷用尿素5～8千克＋氨基酸或腐殖酸或海藻酸类叶面肥＋菊酯类杀虫剂，严禁超量使用。如遇多雨容易旺长，应控制生长，做好防病：每公顷用尿素1～2千克＋磷酸二氢钾（进口）1千克（或富万钾0.5千克）＋含硼的氨基酸（或腐殖酸或海藻酸类或微量元素或益护）叶面肥。

3.盛花期（7～8片复叶期）

此期正值7月中旬，干旱情况促保花保荚：氨基酸或腐殖酸＋菜颗·苏芸菌等生物杀虫剂防治鳞翅目幼虫。如遇多雨容易旺长，应控制生长，做好防病：每公顷用磷酸二氢钾（进口）1千克（或富万钾0.5千克）＋含硼的腐殖酸或益护＋25%丙环·嘧菌酯悬浮剂0.3千克，严禁超量使用。

4.鼓粒期

此期正值7月末至8月上旬，以增加粒重、保护叶片功能、促熟为目标。干旱情况：每公顷用富万钾0.5千克＋菊酯防治大豆食心虫等鳞翅目害虫（加吡虫啉防蚜虫，加甲基阿维菌素苯甲酸盐防红蜘蛛）。如遇多雨：每公顷用磷酸二氢钾（进口）1千克＋富万钾0.5千克＋益护0.4千克。

六、收获

（一）收获时间

大豆叶片全部脱落，茎干草枯，籽粒归圆呈本品种色泽，含水量低于14%时，用带有挠性割台的联合收获机进行机械直收。

（二）收获质量

田间收获综合损失率要控制在4%以内。

1.防炸荚

一是防收获期滞后；二是防割茬过高；三是调整好拨禾轮转速与位置；四

是对正定、动刀片中心线；五是保证刀片锋利无损。

2. 防破碎

一是调好滚筒转速；二是调好凹板间隙；三是防止收获时水分过小，破碎率控制在3%以内。

3. 防留"马耳朵"

充分发挥挠性割台的作用，将割茬高度控制在5厘米以下。

4. 防止出现泥花脸、草花脸

充分利用好晴天时机进行突击抢收，昼夜抢收要注意在露水大时经常清理割台，承种盘、搅龙、升运器等部位的尘土、杂草及秸秆；对于活秆成熟的地号，可适当将收获期延后，但要掌握好时机，要利用早晚温度低的时机抢收，后期收获避开中午高温期作业。

5. 防抢土、推土

一是正常作业不许窜垄；二是收获时保证匀速作业；三是抢土或抢推土时，先倒车及时清理后再作业，防止割台进土，出现泥花脸及波浪茬。

（三）专品种、专品质收获

在同一生产单位内推动种植户有意愿参与集中检测，面向市场提供优质专用大豆。

品种相同、品质相近的产品集中收获，有条件的分地块收获，批次归类。有条件的尽可能多做一些产品品质化验，大豆品质有检验报告，作为对外寻找销路，拓展市场的依据。

2005—2022年九三大豆产业发展统计表

年　份	面　积 （亩）	亩　产 （千克）	总产量 （吨）
2005	1 698 900	190	322 971
2006	1 657 965	178	294 588
2007	1 472 655	139	204 282
2008	1 666 200	202	336 248
2009	1 629 030	192	312 291
2010	1 998 405	200	400 057
2011	1 898 925	208	394 959
2012	1 481 895	215	319 291
2013	1 394 895	87	122 034
2014	1 562 160	197	308 136
2015	1 616 385	198	320 291
2016	2 381 565	78	185 441
2017	2 466 700	181	446 174
2018	1 926 000	185	356 698
2019	2 542 100	169	430 000
2020	2 537 599	184	468 060
2021	2 203 622	191	421 222
2022	2 561 766	198	507 102

九三大豆新闻报道选粹

1.《首届国际大豆产业博览会暨北大荒大豆节隆重开幕》，东北网，2010年9月4日，杨林川。

2.《"北大荒"力挺本土大豆产业，保护产业链完整性》，中华工商时报，2011年6月21日，谢振华、找玥辉、王胜、刘洁。

3.《借力大科技，农垦九三豆满仓》，东北网，2011年9月28日，顾少宇、梁镌文、李楠。

4.《黑龙江垦区非转基因大豆单产最高，保护面积占全国60%》，中国经济网，2012年9月3日，倪伟龄、赵跃辉、陆艳红。

5.《美丽北大荒中华大粮仓——网络媒体龙江行走进农垦九三管理局》，东北网，2014年7月24日，侯巍、孙晓锐、邓博文。

6.《农垦九三局订单农业拓宽增收路》，东北网，2015年10月8日，房圣男。

7.《未雨绸缪自从容——农垦九三管理局转方式调结构见闻》，黑龙江日报，2015年10月25日头版头条，陆艳红、井洋。

8.《九三局力推"互联网＋"农业新技术》，黑龙江日报，2016年2月26日，孙春艳、闫宝晶。

9.《九三局着力提升农业可持续发展水平》，东北网，2016年3月3日，闫宝晶。

10.《黑龙江垦区九三管理局统筹优化农业结构》，农民日报，2016年3月15日，闫宝晶、刘伟林。

11.《九三管理局做大非转基因大豆产业》，黑龙江日报，2016年6月6日，闫宝晶。

12.《九三大豆全国产业大会上展风采》，农民日报，2016年6月24日，刘伟林。

13.《打造精品绿色工程——黑龙江农垦九三经济开发区创建全国非转基因大豆加工产业知名品牌》，《中国质量技术监督》，2016年第9期，林山。

14.《九三管理局实现突破抓好大事破解难题》，黑龙江日报，2017年1月11日，闫宝晶、吴树江。

15.《"九三"优质非转基因大豆食品节上抢镜》，黑龙江日报，2017年4月24日，闫宝晶、吴树江、刘楠。

16.《九三管理局全域旅游格局显现》，黑龙江日报，2017年8月17日，闫宝晶、刘楠、吴树江、董新英。

17.《尖山农场有机大豆成"金豆子"拍出93元每斤高价》，东北网，2017年9月29日，侯巍。

18.《农垦九三管理局：好大豆做到极致，多产业全面开花》，黑龙江日报，2017年12月26日，刘楠。

19.《九三大豆品牌叫响大江南北》，农产品市场周刊，2018年5期，刘月姣。

20.《黑龙江农垦九三管理局订单农业面积超六成》，农民日报，2018年5月31日，闫宝晶、刘伟林。

21.《乡村振兴一年间——现代农业看东北》，中央电视台军事·农业频道《聚焦三农》栏目，2018年10月23日，李依芃。

22.《春保标准、夏保状态、秋看质量、全年看效果——垦区：科技育出大豆好品质》，黑龙江日报，2018年12月5日，闫宝晶、吴树江。

23.《九三管理局：与共和国一同成长》，农民日报，2019年5月6日头版，刘伟林。

24.2019年5月18日，中央电视台军事·农业频道《聚焦三农》栏目播出《今年的大豆怎么种》，全景展现北大荒集团九三分公司大豆主产区的种植情况。

25.《黑龙江大豆与各省豆企再签3.93亿元订单》，中新网，2019年9月5日，姜辉。

26.2019年9月19日，中央电视台纪录频道播出国内首部植物类纪录片《影响世界的中国植物》第七集《大豆》，片中专门表现了九三大豆的播种情况。

27.《"九三大豆"入选中国农业品牌目录，品牌价值22.91亿元》，黑龙江日报，2019年11月24日，李娜、刘楠、吴树江。

28.《北大荒集团九三分公司实现粮食作物总产24.64亿斤，同比增长10.2%》，人民网，2020年10月20日，焦洋、陆艳红。

29.《北大荒集团九三分公司"提品质、突绿色、增效益"备战春耕》，人民网，2021年1月14日，焦洋、陆艳红。

30.《产业＋品牌＋市场：北大荒九三分公司"三驾马车"跑出营销加速度》，黑龙江日报，2021年3月25日，孙盟、李涛、刘畅。

31.《九三大豆品牌价值逐年提高，品牌影响力日益提升》，新华网，2021年5月12日，孙盟。

32.《亮品牌、展风采，九三大豆荣登国家级高峰论坛》，中国网，2021年5月13日，孙盟、房圣男。

33.2021年5月19日，中央电视台农业农村频道《中国三农报道》栏目以《黑龙江：节本增效，引导大豆产业平稳发展》为题报道了九三分公司大豆产业发展情况。

34.2021年7月1日，为庆祝中国共产党成立100周年，黑龙江广播电视台推出24小时全媒体直播《日出东方》栏目，航拍大西江农场、荣军农场，全方位、大角度地展示了九三大豆郁郁葱葱、一望无垠的成长景象。

35.《北大荒九三分公司220.3万亩大豆开镰收获，专用大豆以销定产与企业对接顺畅》，农民日报·中国农网，2021年9月26日，陆艳红、刘伟林。

36.《扛起旱作农业一面旗帜》，人民日报社《民生周刊》，2021年9月27日（总第343期），陈玉林。

37.《北大荒九三分公司加强粮食统营工作助力农户增收》，新华网，2021年11月2日，夏商周、纪浏。

38.《北大荒集团九三分公司：为大豆扩面提产打好准备仗》，央广网，2022年2月19日，马俊玮、陆艳红。

39.《守住国人"油瓶子"："九三大豆"今年播种面积251万亩，较去年增加31万亩》，东北网，2022年3月10日，陆艳红。

40.《北大荒集团九三分公司：动能集聚战"豆"力》，央广网，2022年3月22日，马俊玮、陆艳红。

41.《豆都九三打造大豆品牌强农高地》，黑龙江日报，2022年3月30日，陆艳红、张善民、刘畅。

42.《端稳"中国饭碗"，黑龙江大豆扩种"底气"足》，人民网，2022年3月31日，韩婷澎。

43.《北大荒集团九三分公司加强地理标志农产品保护——做大做强"九三大豆"品牌》，农民日报，2022年6月13日，罗世玺、陆艳红、刘伟林。

44.《为耕者谋利，为食者造福——写在第八届北大荒大豆节暨九三绿色食品展销周活动开幕之际》，黑龙江日报，2022年9月1日，陆艳红、姜斌。

45.《九三大豆长势喜人，今年预计大豆总产可达49万吨》，东北网，2022年9月5日，宋承远、王亮。

46.《深耕大豆产业，推动品牌升级："九三大豆"品牌价值突破50亿元》，中国网，2022年9月8日。

47.《单产和总产均有望突破历史，九三大豆"豆"志昂扬》，新华网，2022年9月10日，陆艳红、王晓禹、姜斌、刘畅。

48.《张宏雷：北大荒九三分公司深耕大豆产业成效斐然》，新华网，2022年9月29日。

49.《北大荒集团九三分公司：大豆扩面增产增收》，农民日报，2022年10月12日，陆艳红、张天露、刘伟林。

50.《北大荒农垦集团九三分公司粪污资源化利用促进农牧绿色发展》，中新网，2022年11月28日，陆艳红、朱婧、唐晶。

九三垦区国有农场通讯录

企业名称	通信地址	法定代表人	电话号码
北大荒集团黑龙江鹤山农场有限公司	黑龙江省黑河市嫩江市农垦九三管理局鹤山农场	刘文武	18745639888
北大荒集团黑龙江大西江农场有限公司	黑龙江省黑河市嫩江市农垦九三管理局大西江农场	王宝生	13555222255
北大荒集团黑龙江尖山农场有限公司	黑龙江省黑河市嫩江市农垦九三管理局尖山农场	陶 军	18846349666
北大荒集团黑龙江荣军农场有限公司	黑龙江省黑河市嫩江市农垦九三管理局荣军农场	翟 杰	18944567897
北大荒集团黑龙江红五月农场有限公司	黑龙江省黑河市嫩江市农垦九三管理局红五月农场	刘建生	18945166778
北大荒集团黑龙江七星泡农场有限公司	黑龙江省黑河市嫩江市农垦九三管理局七星泡农场	王晓飞	13314653999
北大荒集团黑龙江嫩江农场有限公司	黑龙江省黑河市嫩江市农垦九三管理局嫩江农场	冯晓辉	13704875485
北大荒集团黑龙江山河农场有限公司	黑龙江省黑河市嫩江市农垦九三管理局山河农场	孟龙洲	18945166577
北大荒集团黑龙江嫩北农场有限公司	黑龙江省黑河市嫩江市农垦九三管理局嫩北农场	陈桂林	18945166766
北大荒集团黑龙江建边农场有限公司	黑龙江省黑河市嫩江市农垦九三管理局建边农场	刘立星	13329315155
北大荒集团黑龙江哈拉海农场有限公司	黑龙江省齐齐哈尔市梅里斯达斡尔族区哈拉海农场	蒿万青	13104529146

九三垦区粮食贸易企业通讯录

企业名称	通信地址	负责人	电话号码
黑龙江省鹤山粮油贸易有限公司	黑龙江省黑河市嫩江市鹤山农场跃进社区	王先峰	19990753456
黑龙江省九三农垦西江贸易有限公司	黑龙江省黑河市嫩江市大西江农场场直1千米处	赵 义	13555214350
黑龙江省九三农垦尖山粮贸有限公司	黑龙江省黑河市嫩江市尖山农场机关楼203室	冯政权	13845685079
黑龙江荣军粮食贸易有限公司	黑龙江省黑河市嫩江市荣军农场	颜文华	15945272499
黑龙江省五月红粮贸有限责任公司	黑龙江省黑河市嫩江市红五月农场场直	杜亚辉	18846265606
黑龙江省九三农垦绿洲粮食贸易有限公司	黑龙江省黑河市嫩江市七星泡农场场直二委402号201室	徐丛华	13846529999
黑龙江省九三农垦兴嫩粮食贸易有限公司	黑龙江省黑河市嫩江市嫩江农场一队	张跃全	18045614888
黑龙江省九三农垦佳润粮贸有限公司	黑龙江省黑河市嫩江市山河农场第五管理区（原农建队晾晒场）	张立祥	13339360888
黑龙江省九三农垦鑫润经贸有限公司	黑龙江省黑河市嫩江市嫩北农场（原物资库院内）	尹艳平	13555229766
黑龙江省豆脉粮贸有限公司	黑龙江省黑河市嫩江市建边农场场直东外环	卞红军	13555291123
黑龙江省九三农垦鑫民粮贸有限责任公司	黑龙江省齐齐哈尔市梅里斯达斡尔族区哈拉海农场鑫海小区3号楼2层10号	王 涛	14745662958
黑龙江省九三物流有限公司	黑龙江省黑河市嫩江市九三经济开发区	富 勇	15344563567
黑龙江省九三非转基因大豆销售有限公司	黑龙江省黑河市嫩江市九三经济开发区	刘佳波	15561667666

九三大豆深加工企业通讯录

黑龙江北大荒荣军豆制品加工有限公司

所属农场：荣军农场

地址：黑龙江省黑河市嫩江市九三经济开发区

负责人及联系电话：张昊，13136936940

黑龙江省农垦豆都好食机蔬菜精深加工有限公司

所属农场：嫩北农场

地址：黑龙江省黑河市嫩江市嫩北农场场直食品工业园区

负责人及联系电话：王丽华，15046975675

黑龙江省九三农垦金泽豆制品加工有限公司

所属农场：鹤山农场

地址：黑龙江省黑河市嫩江市鹤山农场工业园区

负责人及联系电话：王永伟，13555214555

黑龙江省九三农垦多金贸易有限公司

所属农场：大西江农场

地址：黑龙江省黑河市嫩江市大西江农场农垦社区B区3委526号

负责人及联系方式：张金良，15134682888

黑龙江省九三农垦金露豆制品加工有限责任公司

所属农场：山河农场

地址：黑龙江省黑河市嫩江市山河农场场直零委3-1号

负责人及联系方式：杜石刚，13339361913